Beltz Taschenbuch 922

Über dieses Buch:
Wie können wir im alltäglichen Leben mit unseren Kindern die ursprüngliche
Elternliebe, auch die Elternliebe der Kinder, schützen und bewahren? Vor
den Anfeindungen einer kinderfeindlichen Gesellschaft, vor Hast und Unruhe
des modernen Alltags, vor eigenen Erziehungsirrtümern?
Die Liebe ihrer Eltern, auch darum geht es in diesem Buch, wird von den
Kindern wie ein großes Versprechen aufgenommen, das wir halten müssen.
Denn sie bildet die Grundlage für jede weitere Entwicklung bis ins Jugend-
alter. Wie eine solche »Kunst der Elternliebe« aussehen kann, darüber
schreibt Wolfgang Bergmann in diesem Buch, das er als wesentliche Grundlage seiner vielfältigen Publikationen ansieht.


Der Autor:
Wolfgang Bergmann ist einer der profiliertesten Kinder- und Familienthera-
peuten Deutschlands und als Autor von Sachbüchern zu psychologischen
und pädagogischen Themen weithin bekannt. Er schreibt für verschiedene
große Tageszeitungen und Zeitschriften und ist gern gesehener Inter-
viewpartner zu aktuellen Erziehungsthemen in Fernsehen und Rundfunk.
Wolfgang Bergmann ist Vater von drei Kindern.
Bei Beltz auch erschienen sind seine Bücher »Gute Autorität«, »AD(H)S
in der Schule – Wie Eltern ihren Kindern helfen können«, »Warum unsere
Kinder ein Glück sind«, »Kleine Jungs – große Not«, »Disziplin ohne Angst«,
»Das Drama des modernen Kindes« sowie gemeinsam mit Gerald Hüther,
»Computersüchtig – Kinder im Sog der modernen Medien«.

WOLFGANG BERGMANN

# DIE KUNST DER ELTERN LIEBE

Von dem, was uns zusammenhält

Besuchen Sie uns im Internet:
www.beltz.de

Das Werk und seine Teile sind urheberrechtlich geschützt. Jede Nutzung
in anderen als den gesetzlich zugelassenen Fällen bedarf der vorherigen
schriftlichen Einwilligung des Verlages. Hinweis zu § 52 a UrhG: Weder
das Werk noch seine Teile dürfen ohne eine solche Einwilligung einge-
scannt und in ein Netzwerk eingestellt werden. Dies gilt auch für Intra-
nets von Schulen und sonstigen Bildungseinrichtungen.

vollständig überarbeitete Taschenbuchausgabe
1. Auflage 2011

Beltz Taschenbuch 922

© 2011 Beltz Verlag · Weinheim und Basel
Umschlaggestaltung: www.anjagrimmgestaltung.de,
Stephan Engelke (Beratung)
Umschlagsabbildung: © Getty Images/Heinrich van den Berg
Umschlagfoto Wolfgang Bergmann: © dpa
Satz: Druckhaus »Thomas Müntzer«, Bad Langensalza
Druck und Bindung: Beltz Druckpartner, Hemsbach
Printed in Germany

ISBN 978-3-407-22922-9

# Inhalt

| | |
|---|---|
| Vorwort | 8 |

## 01 VON DER LIEBE, DIE ALLES VERBINDET — 13

| | |
|---|---|
| Die Kinderliebe gleicht alles aus | 14 |
| Angst gehört zur Elternliebe | 17 |
| Ozeanische Gefühle – warum Kinder ohne Liebe nicht leben können | 23 |
| Guck mal, wer da ist | 31 |
| Von Mama weg und hin zu ihr | 35 |
| Das Finanzamt und der Hamster | 37 |
| Von der Liebe zu den Großeltern | 41 |

## 02 LIEBE KANN MANCHMAL AUCH SCHIEFGEHEN — 45

| | |
|---|---|
| Baby hat Mitgefühl, aber Mama will »erziehen« | 46 |
| Mama sperrt Babys Aufmerksamkeit ein, das Kind verstummt | 50 |
| Verlorene Kinder, manchmal ganz allein | 56 |
| Weggeschoben | 59 |
| Wo keine Freude ist, kann keine Familie wachsen | 62 |
| Wenn Papa nach den Noten fragt – noch einmal zerstörte Freude | 65 |

| 03 | WENN DU SPRICHST, WIRD ES HELL | 69 |
|----|--------------------------------|-----|
| | Ein Kapitel über die Muttersprache | 70 |
| | Über Sprache und Sprechen, und was ein Kind alles ohne Förderung kann | 74 |

| 04 | MÜTTER UND VÄTER SIND VERSCHIEDEN | 85 |
|----|-----------------------------------|-----|
| | Was Mama kann, kann Papa nicht, und umgekehrt | 86 |
| | Der gute Vater (1) Die alten und die neuen Väter | 91 |
| | Der gute Vater (2) Papa spielt Fußball und verliert | 99 |
| | Der gute Vater (3) Väter sind Männer, basta! | 103 |

| 05 | WENN DIE LIEBE AUSEINANDER GEHT | 107 |
|----|--------------------------------|-----|
| | Trennungen (1) Kinder wollen ganze Familien | 108 |
| | Trennungen (2) Mama will die Trennung, leidet dann mit ihrem Kind | 113 |

| 06 | SOZIALE WIDERSTÄNDE | 117 |
|----|--------------------|-----|
| | Schönheit, Schlankheit und Mütterlichkeit | 118 |
| | Chefs und andere Feinde der Familien | 122 |
| | »Haben Sie etwa Kinder?« | 128 |
| | Kinder schützen? Guter Mann, wir haben wirklich Wichtigeres zu tun! | 130 |
| | Kälteschatten | 134 |

| 07 | DU SOLLST MICH ERKENNEN | 137 |
|----|-------------------------|-----|
| | Schreien aus Kummer | 138 |
| | Die schlimmste Strafe: Nichtbeachtung | 140 |
| | Wo ist denn das Kind? Hier bin ich doch! | 146 |
| | Keine Zeit, keine Zeit | 148 |
| | Humor hilft | 151 |

## 08 LIEBE GRENZENLOS?! 155

Bei aller Liebe – manchmal sagt Mama »Nein« 156
Warum Eltern oft alles falsch und trotzdem
richtig machen 162
Warum Kinder manchmal eine kräftige Antwort
wollen 165
Konsequenz und Autorität und all das 167
Verwöhnte Kinder? 170

## 09 ERZIEHUNGSFRAGEN 173

Räum dein Zimmer auf 174
Wir sind beide doof 177
Strafen 181
Ins Leere reden 183
Pubertät 184
Lasst eure Kinder in Ruhe! 188

## 10 VON DEN NORMEN UND DER OFFENHEIT DES LEBENS 191

Wo Wirklichkeit ist, ist auch Fantasie 192
Fantasie muss geschützt werden 195
Kindheit braucht Maßlosigkeit 197
Auch Niederlagen gehören zum Kinderglück 203
Besorgte Eltern machen ängstliche Kinder 206
Manchmal soll man Kinder ganz maßlos verwöhnen 210

## 11 WAS LIEBE ALLES VERMAG 213

Vom Glück der Hingabe 214
Was Liebe alles vermag 221
Liebe wirkt ein Leben lang, Ängste auch 229
Einmal nur! 233
Nachwort 239

# Vorwort

Manchmal verschlägt es auch mir den Atem. Ich sitze auf dem Podium eines Kongresses, moderne Kindheit steht auf dem Programm, und ich habe mir die Aufgabe gestellt, einen Zusammenhang zwischen den ersten Entwicklungsjahren eines Kindes und seiner späteren geistig-seelischen Entwicklung herzustellen. Das ist eigentlich nicht schwer. Aus allen nennenswerten wissenschaftlichen Richtungen liegen Ergebnisse dazu vor – aus der Gehirnforschung, der Verhaltensforschung, der Pädagogik und manchem mehr.

Trotzdem bekomme ich zu meinem Erstaunen von mehr als der Hälfte der Zuhörer – Eltern und »Profis« im Erziehungs- und Bildungsbereich – kräftigen Widerspruch. So gehe es nicht! Manche Stimmen sind regelrecht zornig geworden. Um Himmels willen, was habe ich denn nur gesagt?

Langsam dämmert es mir: Zum einen habe ich die Frage gestellt, ob das seelisch-geistige Wohl eines Kindes nicht viel umfassender beschrieben werden muss als nur dadurch, dass Kinder eine gute Förderung, meist schon mit wenigen Monaten, erhalten. Und die zweite Frage, die ich in den Raum gestellt habe: Was wird eigentlich aus den Kindern, wenn sie allzu früh und allzu lange von Eltern oder ganz engen Vertrauenspersonen getrennt sind?

Die Antwort, was passiert, kennen wir wie gesagt aus den oben genannten wissenschaftlichen Disziplinen. Den Kindern rutschen gleichsam ihre frühesten und frühen Erfahrungen mit der umgebenden Welt aus ihrer Aufmerksamkeit heraus, aus ihrem Ich-Gefühl. Sie lernen nur Details, Einzelheiten, bestimmte Objekte usw., aber sie verinnerlichen den Zusammenhang zwischen ihnen nicht.

Doch was das einjährige Kind im Hier und Jetzt erlebt, muss es mit seinen Erlebnissen einige Tage vorher zusammenfügen, erst dann wird – Fachwort: –»ein integriertes Selbst« aufgebaut. Integriert heißt Folgendes, und damit kommen wir zur Sache selbst:

Ein Kind liebt Mama und Papa. Der liebevoll-vertraute Blick der Mutter gibt ihm die »Seinsgewissheit«, was einfacher und weniger philosophisch formuliert so viel heißt wie: »Ich bin willkommen auf dieser Welt. Ich bin nicht allein und nicht verloren.«

Solche Gefühle und Erlebnisse fallen nicht von Himmel. Sie müssen sich von Erfahrungsschritt zu Erfahrungsschritt aufbauen. Jetzt versteht unser Kleines, dass der Klotz, mit dem es gestern spielte, auch heute noch dieselbe Form hat, es kann also dasselbe Spiel fortsetzen. Dies tut es ohne Angst, denn es hat ja in seinem Inneren die Erfahrungen gesammelt, dass es sich auf Mama und Papa und andere restlos verlassen kann. Dabei ist der vertrauensvolle Blick eines Halb- oder Einjährigen auf Mutter oder Vater einer der herzzerreißendsten Anblicke von kleinen Menschen. Ihr ganzes Weltvertrauen – oder ihre »emotionale Gewissheit«, wie der Philosoph Immanuel Kant formulierte, ist in diesem Blick gesammelt und aufgehoben. Von ihm und der Erinnerung an ihn bekräftigt, macht das Kind sich auf, sich erneut der Welt zuzuwenden, mutig, neugierig und abenteuerlustig.

Fehlt aber dieses Vertrauen, dann fällt das Kleine von einer teilweisen Erinnerung in die nächste, alles steht wie unverbunden, kein Zusammenhang kann in der Psyche des Kindes auf diese Weise gestiftet werden. Alles im seelisch-geistigen Bereich liegt so kläglich unverbunden nebeneinander.

Was fehlt? Die Sinnstiftung zwischen den Erlebnissen von gestern und morgen, von gestern am Nachmittag und heute früh. Überall Erlebnislöcher. Das Kind stolpert hinein.

Ihm fehlt etwas Substanzielles: die unumstößliche, verlässliche Kraft der Liebe, die Mama und Papa und andere ihm zukommen lassen. Erst sie fügt mit ihrem feinen Seelenstoff die Dinge, die Erlebnisse, die Kommunikationen fest an einen zuverlässigen seelischen Ort.

Mit solchen Gefühlslöchern macht unser Kind sich zwar trotzdem auf den Weg in die noch unerkundete Welt, aber ihm fehlen wesentliche geistig-seelische Voraussetzungen, kurz gesagt: der Halt der Liebe. Hüten wir uns und behüten wir unser Kind. Solche »nicht integrierten« Kinder machen sich nämlich viel zu unruhig und viel zu früh auf die Beine. Überall suchen sie nach Begegnungen mit Menschen, nach Berührungen mit Objekten – sie wollen ihre Seele so stimmen, dass sie sich wie in einem feinen Ton mit den Eigenarten der Welt verwebt. Aber dazu bedarf es eben der Gefühlsicherheit. Sonst fallen sie.

Und meine Zuhörer in dem hochmodernen Tagungscenter? Viele sind pädagogische und psychologische Profis, doch die meisten haben solche grundsätzlichen entwicklungspsychologischen Gedanken und das von ihnen getragene Wissen nie gehört. Auch in der Ausbildung nicht.

Alles bei ihnen ist auf kurzfristigen Erfolg eingestellt. »Daniel X beherrscht das ABC schon bis D, wie alt ist denn Daniel Z und was kann der?« Sie verlieren darüber den Blick darauf, dass nur das, was im kindlichen Bewusstsein festgebunden wird, auch Wissen und Gefühl, am nächsten und übernächsten Tag seine Bedeutung behält. Denn ohne genügend Liebe existieren diese Kinder in einem seelisch fast leeren Feld. Und dann werden sie unruhig, unkonzentriert, sie vergessen, was sie vor einer Stunde taten, und versuchen sich mühselig an das zu erinnern, was gestern ihr Spiel war oder auf ihrer Tagesplanung im Kindergarten galt. Kurzum: Ohne Bindung und – schöner gesagt – ohne die Liebe würde ein Kind restlos desorientiert durch eine fremde Welt laufen, deren Fremdheit es nie ganz überwindet. Ihm fehlt die Verlässlichkeit der Gesten, des Lächelns, der Handhabungen und des Erinnerns. Es hat Wirklichkeitsfetzen gesammelt, aber die fügen sich nicht in ein Wirklichkeitsbild. Dabei könnte alles so einfach sein und ist es meistens auch. Mir, und ich hoffe, auch Ihnen, den Leserinnen und Lesern dieses Buches, geht das Herz auf, wenn wir an einem verdrießlichen Nachmittag hinter einem Vierjährigen hertrotten, und wir spüren, wie ein seltsamer Hauch die ursprüngliche Lebensfreude diese kleinen Wesens zu uns hinüberweht. Kinder stiften Glück und Ruhe!

O weh, sagen Sie vielleicht, aber bei meinem Kind ist das anders. Das ist unruhig, nervt x-mal schon vor dem Aufstehen und zerknüllt jeglichen Lebensmut zu einem wirren Gefühlsknäuel.

Nun gut, Sie haben einfach nicht genug hingeschaut. In jeder noch so trotzigen Geste eines Kindes steckt nicht nur Abwehr, sondern ebenso Suche, Suche nach Ihnen oder einem anderen Menschen, den es lieb haben kann. Kinder suchen das Liebesgelände innerhalb einer Familie, damit fangen sie frühmorgens an und hören abends auf. Die Kinder verkörpern Glück in Unruhe und Stille, Glück in ihrer Unbeschwertheit und auch noch im maßlosen Kummer zu jeglichem Anlass. Man muss mit ihnen fliegen – schweben gleichsam –, um in solch einem flottierenden Zustand ganz einverstanden zu sein mit ihnen, mit ihrer Zukunft, ihrem Leben. Miteinander verschlungen gibt es wohl keine so tiefe Liebesverankerung zwischen Menschen wie die zwischen

Eltern und Kind. Wir Eltern müssen nur eines lernen — wir müssen uns vorbehaltlos darauf einlassen, und das ist ganz einfach und gleichzeitig ganz schwer. So, wie alles mit Kindern. Ein heiterer Widerspruch: Ihn immer wieder zu bestehen ist unser aller dringlichste Aufgabe.

01

# VON DER LIEBE, DIE ALLES VERBINDET

# Die Kinderliebe
gleicht alles aus

Nein, keine Sorge, hier geht es nicht um den Bericht eines frisch gebackenen Vaters, der heldenhaft von der Geburt »seines« Kindes berichtet. Ich will nur von einem einzigen Moment bei der Geburt meiner Tochter sprechen, von einem einzigen Augenblick. Davon, wie sie soeben mühsam auf die Welt gekrochen, beziehungsweise gepresst worden war und zum ersten Mal die Augen aufschlug. Nun ja, aufschlagen ist nicht ganz der richtige Ausdruck. Eher war es so, dass sie zwischen verklebten Augenlidern hervorblinzelte, dann aber riss sie die Augen plötzlich weit auf und schaute. Schaute mich an: der Blick noch verwirrt und wild, noch ganz befangen von seinen vernunftlosen Ursprüngen. Ein abwesender und zugleich unendlich eindringlicher Blick, ich habe ihn seither nicht vergessen. In diesem Moment nämlich schwor ich mir – und habe diesen heimlichen Schwur bis heute gehalten –, dass ich, wann immer ich in den kommenden Jahren einen kleinlichen Ärger (oder eine übermäßige Sorge wegen schlechter Schulnoten oder sonst was) verspüren sollte, dass ich mich dann an diesen Augenblick erinnern würde. Dass ich mich daran erinnern würde, dass dieses Kind zuallererst nicht mir oder meiner Frau zugehört, nicht unseren Absichten oder Plänen, nicht unserer Ethik oder unseren Moralvorstellungen, sondern ganz allein sich selber und dem Weltgeheimnis, aus dem es hervorgegangen ist.

7 Jahre später

Wir saßen in friedlich stiller Runde um den Abendtisch, da schaute meine siebenjährige Tochter versonnen von meiner Frau zu mir und wieder zurück, seufzte leise und erklärte:»Mann, hab ich ein Glück, dass ihr beide euch getroffen habt.«

Recht hat sie. Was der kleine Verstand da so gelassen begriffen hatte, ist ja zum einen nur eine simple biologische Tatsache. Aber gleichzeitig ist es ein überwältigendes existenzielles Faktum: Ohne meine Frau und ohne mich würde es dieses Kind nicht geben. Sein verschmitztes Lachen nicht, seine verwegene Cleverness, nicht sein oft herzergreifendes Mitleid mit allem und jedem und tausend Dinge mehr – alles wäre einfach nicht existent.

Hundert und mehr Bücher kommen jährlich auf den Markt, die von den Problemen der Eltern und Kinder handeln, einige davon sind sehr nützlich und vernünftig. Aber kaum eines handelt von der Macht und Bedeutung, die Vater und Mutter für das Leben eines Kindes haben. (Und das Kind für das Glück oder Leid der Eltern.) Dies bezeichnet – wie die Elternliebe insgesamt – eine physische und metaphysische Ebene in unserem Leben.

Davon handelt dieses Buch.

Nichts in meinem abwechslungsreichen Leben hat mich so sehr mit (bescheidenem) Stolz erfüllt wie die Existenz meiner Kinder. Nichts lässt mich so tief versöhnt mit mir selber sein, als wenn ich spät abends das Zimmer meiner schlafenden Tochter betrete und für Momente ganz still verweile und einfach nur schaue. Oder wenn ich bemerke, dass sie, nachdem sie in einem schlechten Traum aufweinte, doch wieder ganz geborgen und ruhig wird, wenn ich meinen besorgt-kummervollen Kopf durch die Tür schiebe und anschließend ihr Zimmer betreten habe.»Sei still, mein

Kind« – meine Worte trösten, sie beschwichtigen die Angst. Warum? Weil es die Worte, die Stimme, die Präsenz des Vaters ist. Müttern gelingt dies alles übrigens noch besser. Auch davon soll in diesem Buch die Rede sein. Von der Einzigartigkeit dieser Mutter für dieses Kind und dieses Vaters für dieses besondere Kind, die eine der tiefsten Arten des Glücks verspricht und, damit unmittelbar verbunden, von elterlicher Kompetenz und Kraft.

Freilich, kompetent zu sein bedeutet immer, Verantwortung zu haben, daran führt kein Weg vorbei. Für keinen Menschen empfinde ich so viel Verantwortung wie für meine Kinder, und Millionen von Müttern und Vätern geht es genauso. Was für eine Macht des Humanen das ist! Ich werde ihr nicht wirklich gerecht, vielleicht nicht einen einzigen Tag lang. Aber darauf kommt es nicht an. Die Kinderliebe gleicht alles aus.

Ohne diese Besonderheit gäbe es keine Individualität in der Entwicklung der Kinder, ohne diese Liebeskraft gäbe es kein Vertrauen und kein Mitgefühl – die moderne Bindungsforschung zeigt anschaulich, wie gestörte Elternliebe ein kindliches Leben und damit alle seelische Kraft zerstören kann; ohne sie gäbe es aber auch keine Gemeinschaftlichkeit unter Menschen, keinen gesellschaftlichen Zusammenhalt, keine Kultur. Dieses Einzelne, dieses ganz Besondere zwischen Eltern und Kind – es ist die Bedingung des individuellen und sozialen Lebens. Jede Mutter und jeder Vater hat ihren/seinen Anteil daran. Das Leben weitergeben und dadurch mit einer besonderen Intensität erleben, das ist die Botschaft. Sie ist einfach.

# Angst gehört zur Elternliebe

Nun lebe ich schon seit sieben Jahren in kleineren und größeren Ängsten. Mal sind sie moderat, dann wieder – geradezu anfallartig – heftig. Mein Trost besteht darin, dass sie ganz allmählich nachlassen ...

Die Angst setzte ein, als unsere Tochter geboren wurde. Und zwar genau an diesem Tag, ach, was sage ich, pünktlich zu dieser Minute. Dabei war ich in den neun vorausgehenden Monaten – seit meine Frau mir mitgeteilt hatte, dass wir, ungeplant, noch ein Kind erwarteten – alles in allem zuversichtlich und guter Dinge gewesen! Wieso auch nicht!?

Das Kind wuchs stetig – und auf eine für mich ganz unvorstellbare Weise – im Körper seiner Mutter heran, sein Wachsen wurde regelmäßig von einem Frauenarzt kontrolliert. Die modernen bildgebenden Apparate zeichneten höchst eigenartig zerlaufende Flächen und Umrisse auf irgendwelche Folien, von denen meine Frau mir zu erläutern versuchte, wo – mitten in dem schwarz-grau zerfransten Durcheinander – »unser Kind« zu erkennen sei.

Dies alles war durchaus geheimnisvoll, wie das reifende Leben im Körper einer Frau für einen Mann nun einmal ist. Aber Sorgen machte ich mir eigentlich nicht.

Gewiss, vor jedem Kontrolltermin baute sich auch in mir eine gewisse Spannung auf. Eine leise Ängstlichkeit, ob alles »in Ordnung« sei – aber mit geradezu infantiler Zuversicht ging ich dann doch davon aus. Wird schon werden!

Meine Frau war gesund, erblühte seit Wochen in strahlender Schönheit, zwischendurch hatte es auch schwierigere Phasen gegeben (was sie, wie die meisten Frauen, tapfer zu verbergen versuchte). Aber letztlich waren diese ganzen biologischen Vorgänge für mich so wenig nachvollziehbar, dass ich nicht einmal mit meinen Ängsten ernsthaft darin verwickelt war.

Die kamen erst später, dann aber mit Macht!

Denn kaum war es »da«, kaum hatte es sich in die Welt gezwängt, dieses geheimnisvolle und von der ersten Sekunde seines »Da-Seins« geliebte Wesen – da setzte prompt auch meine Ängstlichkeit ein.

Noch heute stehe ich völlig verständnislos vor der Tatsache, dass so viele junge Eltern ihre Kinder Risiken aussetzen, bei denen mir – dem eigentlich unbeteiligt Zuschauenden – der Atem stockt. Immer noch und immer wieder frage ich mich, warum junge Mütter ihr 2 $\frac{1}{2}$- oder 3-jähriges Kind, auf unbeständigen wackeligen Beinen, auf dem Spielplatz eine steile Kletterwand hochkrabbeln lassen, warum sie nicht aufschreien (nicht einmal aufstehen), wenn sich die kleinen Füße in dem Netzwerk von Seilen verfangen, warum ihnen nicht der Schreck bis ins Innerste ihrer Glieder fährt, wenn ein Kind ausrutscht und vom Dach der Holzhütte heruntergleitet und schließlich auf dem Boden landet, wo es erbärmlich brüllt. Bin ich zu ängstlich? Vielleicht! Vielleicht! Aber oft denke ich, dass diese moderne Kultur des Wagemuts, der Selbstständigkeit und des Risikos von vielen Eltern viel zu sehr verinnerlicht worden ist. Dass es dann nicht mehr um die Selbstständigkeit der Kinder geht, sondern sie sich im Moment der Gefahr im Stich gelassen fühlen, so stolz sie hinterher auch auf ihre Tapferkeit (»Ich habe überhaupt nicht geweint!«) sein mögen.

Ich komme im nächsten Abschnitt dieses Buches noch einmal darauf zurück.

Hier will ich erst einmal nur von mir berichten, von den

ersten Tagen und Wochen, in denen ich mich an das neue Wesen in unserer Wohnung gewöhnte, in denen ich zu begreifen begann, dass mit dieser kindlichen Existenz noch einmal eine neue Lebensspanne begann, mit ganz neuen Anforderungen, Sorgen, Planungen und Selbstbildern. Und eben Ängsten!

Nachts zum Beispiel!

Schlafen bedeutet Trennung, sagt die Entwicklungspsychologie. Sie meint damit den Seelenzustand des Kindes, vor allem des Kleinkindes. Wenn es sich in sein Bettchen kuschelt und schon fast in den Schlaf hinübersinkt, dann fallen ihm hundert Tricks ein, um sich wachzuhalten. Es will partout nicht einschlafen! Einer der Gründe dafür: Dieses Einschlafen bedeutet, dass unser Kleines hinüberwechselt in einen Bereich der inneren Bilder, des inneren Selbst, und sich dabei von Papa und Mama, von Teddybär und den aufregenden Geheimnissen der elterlichen Wohnung verabschiedet. Das will ein Kind nicht. Deswegen strampelt es, zappelt und murrt, gerade in dem Moment, in dem der Schlaf es einzuholen beginnt.

Das Kind mag die Trennung nicht (uns, den etwas Größeren, geht es nicht anders). Es mag keinen Abschied, auch keinen sanften und vorübergehenden. Es will eben immer »da sein«.

Ich glaube, dass noch eine weitere Ahnung in dem Kind aufschimmert. Jeder Abschied bedeutet Ungewissheit. Selbst dieser sanfte, dieser Abschied des Schlafes. Wer weiß schon, in welche inneren Räume ein Kind rückt, wer weiß schon, wie die Beschaffenheit der Träume ist? Wer weiß schon, wohin der Traum es entführt, und wer gibt ihm die Zuversicht, dass es zurückkehrt? Aus demselben bestürzenden Nichts, aus dem es entsprungen ist, entspringt auch seine Ängstlichkeit. Es sind nicht nur der aufregende, spannende Charakter der Welt und die liebevolle Bindung an Papa und Mama, weshalb ein Kind sich gegen das Einschlafen wehrt. Es ist, denke ich, auch die Abwehr dagegen, zurückzukehren in eine *Abwesenheit* (und sei es nur eine seelische, geistige), die an das Nicht-da-Sein erinnert, aus dem es hervorgegangen ist.

Was das Kind empfindet, das fühlen auch die Eltern. Ich kann nur von mir sprechen. Denn auch mich ereilte Abend für Abend und Nacht für Nacht eine tiefsitzende Angst. Nein, Angst ist nicht der richtige Ausdruck, eher war es eine diffuse Ängstlichkeit, eine Unruhe, die ich mir gar nicht recht erklären konnte.

Jedenfalls tappte ich, in den ersten Wochen alle halbe Stunde, still und verstohlen, in das Zimmer, in dem das kleine Körbchen mit dem schlafenden Baby stand. Ich beugte mich voll Sorge darüber, nur um mich zu vergewissern, dass es noch atmet, dass der kleine Körper sich im Rhythmus der Atemzüge sanft bewegt, dass es, mit anderen Worten,»da ist«. Ja, es atmet, die Augen sind zwar geschlossen, aber die kleinen Lippen pusten und die Bäckchen plustern leicht auf, die stille Reglosigkeit des kindlichen Körpers bedeutet nichts Böses, nicht Bedrohliches, sondern nur, dass sein Schlaf tief und sanft ist. Dann atmete ich selber tief durch, zog meinen besorgten Kopf zurück und tappte auf Zehenspitzen zurück, die Tür ließ ich halb geöffnet.

Für eine halbe Stunde (später war es eine ganze Stunde, noch etwas später waren es auch mal zwei) befand ich mich in einer relativ sorglosen Zufriedenheit, es ist ja alles in Ordnung, dieses Kind ist kerngesund, den ganzen Tag strahlt und plappert und blubbert es vor Lebensfreude – was soll schon schief gehen? Es weint selten, schreit kaum einmal, seine Lebenszuversicht scheint tief verankert, wirklich kein Anlass zur Sorge.

Doch in der nächsten Nacht tapste ich schon wieder verstohlen zu ihm hin, betrachtete besorgt seine Atemzüge und die milde Erschöpfung, von der es sich im Schlaf erholte. In dieser Phase ging ich viel zu spät ins Bett, als könnte ich mich gar nicht von meiner Sorge trennen. Halbe Nächte saß ich am Computer und schrieb und schrieb – was zur Folge hatte, dass das Kind meiner publizistischen Produktivität einen ganz unerwarteten Auftrieb gab.

Die Sorge hielt mich wach. Was für eine Sorge ist das? Sicher ist, dass wir Erwachsenen ein starkes Gefühl von der Verletzlichkeit der kindlichen Existenz haben. *Was alles passieren kann!* Wie viel Unglück ihm zustoßen kann, seelischer und körperlicher Art. Und gleichzeitig greift unsere Sorge der Zukunft dieses Kindes zuvor. Wir möchten *jetzt schon* alle Erschwernisse und alles Unglück von ihm abwenden. Bevor sie eingetreten sind! So wird unsere verzagte und tapfere Elternexistenz vom ersten Augenblick an mit Ängstlichkeit gefüllt. Sie hört nie wieder ganz auf.

Ich bin bei weitem nicht der Einzige, der Nacht für Nacht in das Schlafzimmer seines Kindes schleicht, um sich – sozusagen auf Zehenspitzen – davon zu überzeugen, dass es noch atmet, noch pustet, noch lebt. Nachdem ich einmal den Mut gefasst und einigen Freunden von meinen Seelenzuständen berichtet hatte, bekam ich erstaunliche Rückmeldungen. Ja, ja, nickte der eine oder andere, von dem ich es im Übrigen nie erwartet hätte – so ein taffer Typ! –, das sei ihm nicht anders ergangen. Er erinnerte sich dann genau, wie er oft in der Nacht aufschreckte, *kerzengerade* im Bett saß und sich zum Bettchen des Kindes hinüberbewegte, um die Unversehrtheit des kindlichen Lebens im Schlaf zu überprüfen.

Ach, dachte ich, verblüfft und ein klein wenig beglückt, das ist ja alles höchst interessant. Der da, in seinem Berufsleben einer der coolsten Geschäftsleute, oder jener, dessen Rücksichtslosigkeit oder Großschnäuzigkeit einem schon ein halbes Leben lang auf die Nerven geht, und jener so vergnügt-unbesorgt wirkende Mensch, sie alle teilen diese besorgten Gefühle. Gerade so, als gehörten sie zur Grundausstattung des väterlichen Lebens.[1]

Und so ist es wohl auch. Ich bin tief davon überzeugt, dass das Kind auf irgendeine schwer erklärbare Art und Weise etwas von der väterlichen Sorge und Liebe in sich aufgenommen hat. Sicherlich hat es nicht *bewusst* wahrgenommen, wie sich Papas Kopf mit den superängstlichen Augen über sein Bettchen schob, wahrscheinlich hat es auch nichts gehört von dem unbeholfenen und zärtlichen Tapsen, mit dem unsereins versucht, seine Schritte im Schlafzimmer abzudämpfen – natürlich nicht. Trotzdem behaupte ich, dass die väterliche Zuneigung auf irgendeine Weise in das Unbewusste des Kindes geflossen ist und seinen Lebensmut stärkt.

Mütterliche und väterliche Zuwendung und Sorge werden unbewusst aufgenommen. Sie wirken in den verborgenen Kammern der kindlichen Seele, in denen die Ängste ebenso wie die Begabung zu Liebe und Freiheit reifen.

---

1 Gleich zu Anfang dieses Buches möchte ich eine Tatsache festhalten und festschreiben, die in der gesamten Erziehungsliteratur vernachlässigt wird: Auch solche Väter, die später oft schwere und unverständliche Fehler machen, die oft so unbeeindruckbar und stur an Erziehungsprinzipien festhalten und ihrem Sohn oder ihrer Tochter ein Versagen kaum verzeihen können – auch solche Väter haben einmal eine tiefe ängstliche Sorge um dieses Kind mit sich herumgetragen. In allen leben eine Bereitschaft und, wenn man so mag, ein »Wissen«, das weit über ihr bewusstes Erziehungshandeln hinausreicht. In der psychologischen Elternberatung versuche ich immer, mich mit dieser »unbewussten Väterlichkeit« zu verbünden. Oft gelingt es. Das ist dann immer ein guter Start!

# Ozeanische Gefühle – warum Kinder ohne Liebe nicht leben können

### 1.

Sigmund Freud war ein nüchterner Mann. Jede emotionale Formulierung war ihm peinlich. Er vermied sie, wo er nur konnte, trotz seiner literarischen Bildung und der vielfältigen Bezüge zu den Romantikern, die sein Werk kennzeichnen. Aber dann ließ er sich von dem weniger vorsichtigen französischen Dichter Romain Rolland doch mitreißen.

In einem Brief aus dem Jahr 1928 hatte Rolland über die aller ersten Tage, Wochen und Monate der Kindheit geschwärmt: Was das Neugeborene und Kleinkind in der symbiotischen Phase, umhüllt vom Mütterlichen empfinde, seien, schrieb er, nichts anderes als *»ozeanische Gefühle«*.

Ozeanisch, das gemahnt an das mächtige Wasser, das mich trägt, an die Unendlichkeit, die der Schwimmer im Meer vor sich erblickt und die nicht einmal am Horizont endet. Ozeanisch – so ist auch das »Schwimmen« im mütterlichen Leib vor der Geburt. Ozeanisch, schrieb Rolland in einem Brief an Freud, seien auch die symbiotischen Gefühle in den ersten Lebenswochen.

In unserer Kultur gibt es einen Kult der Individualität; hoch angesehen ist bei uns die Vorstellung der Autonomie, die jedes Menschenwesen auszeichnet. Ein starkes »Ich« und viel Selbstbewusstsein wünschen wir uns und unseren

Kindern. Das ist auch alles gut und richtig so! Nur unsere tiefsten Gefühle und Wünsche sprechen eine andere Sprache. Denn alles, was wir uns er*träumen*, was wir zutiefst *begehren*, widerspricht der Autonomie. Sie ist nur eine Fiktion! Jedes Liebesverlangen ist gekennzeichnet von *Verschmelzungs*wünschen, jede eifersüchtige Liebe und Liebesgier will den oder die andere am liebsten *verschlucken*, jeder Ehrgeiz erwächst aus dem Verlangen, von der Bewunderung und dem Beifall anderer Menschen *getragen* zu werden.

In Wahrheit schöpfen wir unser Bewusstsein und Selbst-Bewusstsein nicht aus uns selber, wir entfalten es im Verbund, in der Verschränkung und im Wechselspiel mit anderen. Das erste »Andere« ist die Mutter.

Zurück zu den »ozeanischen Gefühlen«. Sie sind mit Mama der Anfang von allem. Sie bewegen sich im Zeit- und Raumlosen. Das Neugeborene lebt halluzinativ in einer *einigen* Welt, die es umhüllt. Es ist noch nicht geschieden von den Dingen und Menschen um es herum, die Welt gliedert sich noch nicht in Strukturen und Funktionen, Zeit und Raum. Diese Einigkeit – im mystisch-christlichen Denken kehrt sie als »Unio mystica« wieder – ist das Paradies, das Urbild.[2]

## 2.

Aber es muss verlassen werden. Wir alle sind aus dem Paradies vertrieben!

---

2 In diesen frühesten Bildern der Menschwerdung spiegeln sich auf beeindruckende Art auch die großen Motive der Philosophie seit der Antike: *Eines* sind die Dinge und die Menschen und treiben doch auseinander! Aufeinander angewiesen sind sie und zerfallen doch in »hier« und »dort« und »Ich« und »Du«. So ist es auch mit den Anfängen des bewussten Lebens. Ich weiß nicht, ob Romain Rolland mit seinem Vergleich all diese Motive im Sinn hatte. Aber im Bild von Mutter und Kind ist alles angelegt, die ganze Liebesfähigkeit und die Tragik der Trennung, die den Schicksalsplan des Menschen, wie Freud in einer Antwort an Rolland schrieb, ausmachen. Alles ist in die Quellen des bewussten Lebens eingeschrieben und alles ist unauslöschlich.

Aus dieser ozeanisch-symbiotischen Einheit tritt nun, Zug um Zug, die Tatsache in das kindliche Leben, dass es nicht nur eine »einige Existenz« gibt, sondern zugleich die Vielheit der Existenzen. Es gibt eine Welt um unser Kind herum, die von ihm getrennt ist. Diese Tatsache wächst langsam und mühsam in das erwachende Bewusstsein hinein.

Die anfängliche symbiotische Einheit im Mutterleib wird mit der Geburt zerrissen, dann wird sie − halluzinierendträumerisch − vom Kind seelisch wieder aufgenommen, aber nur, um ein zweites Mal zu zerbrechen. Dies geschieht in dem Moment, in dem ein Kind seine Bedürftigkeit bewusst spürt. Das Kind hungert und schreit, Mama soll es nähren. Jetzt, sofort! Das Kind friert und schreit wieder, Mama soll es wärmen. Die Liebe der Mutter umhüllt es, tröstet es, soweit sie es vermag. Diese Liebe ist mächtig von Anfang an. *Doch in demselben Maße ist sie auch immer unvollkommen.*

In diesen Momenten, in denen das Kleinkind seine Bedürftigkeit als Not spürt, tritt zugleich ein winziger Riss in sein Leben ein. Der Hunger wird ja zuerst empfunden, dann erst gestillt. Die Kälte ebenso. Angesichts der dringlichen kindlichen Bedürfnisse kommt jede Mutter, selbst die liebevollste, *immer ein wenig zu spät.*

Das Kind hat sich jetzt schon als bedürftiges, abhängiges und *ohnmächtiges* Wesen gefühlt. Es stürzt von dem Hochgefühl der halluzinativen Allmacht in eine Realität der Bedürftigkeit und Abhängigkeit. Ein Leben lang pendeln wir, nach Pascals Worten, zwischen diesen Polen hin und her: *Allmacht und Abhängigkeit.*

Nein, es ist nicht mehr zu leugnen: Mama und Baby sind nicht eines. Das schöne Bewusstsein von Einheit zerfällt, die symbiotischen Gefühle werden in ihrer Ohnmacht zornig. Das Kind lernt die Gier kennen.

## 3.

Zugleich, inmitten all der Verwirrung, nimmt das Kind Mama immer bewusster wahr. Nun beginnt es erst, Mama zu »lieben«. Vorher war da ja dieses alles umfassende Wohlgefühl. Nun gibt es auch Trennung und Teilung. Nun gibt es den *Wunsch*, rasch und vollständig genährt und umsorgt, gewärmt und beachtet zu werden. Nahrung und Fürsorge können aber nur von Mama kommen. Zwar kommt Mama, wie ich eben sagte, gemessen an der Intensität der Hungergefühle oder des Frierens, immer ein wenig zu spät. Aber sie ist dann doch *da*. Hüllt das Kind ein, nährt es, stillt es und lässt es ruhig werden. *Sie ruft die verloren gegangene Einheit für Momente wieder wach.* Daraus erwächst im Kind die Begabung zu lieben, zugleich aber auch die *Not* der Liebe.

Dass Liebe abhängig macht, dass Liebe zornig macht und uns in eine Verzweiflung stürzen kann, von der wir, bevor uns die Liebe schmerzte, keine Ahnung hatten – dies alles lernt ein Kind jetzt. *Jetzt schon!* Erfährt es, bevor es Sprache und Laufen und Körper-Selbst kennen gelernt hat. Die Liebe ist ein Urgefühl. Nicht nur in ihrer Wohligkeit und Harmonie, sondern auch in ihrer Abhängigkeit und Gier. Alles ist schon da.

So, auf solch vielfältig gewundene und verwirrende Weise, beginnt der Weg in das bewusste Leben.


## 4.

Das erste kommunikative Zeichen, das ein Kind in sich aufnimmt, ist Mamas Blick, Mamas Gesicht. Mamas Augen: Sie schauen das Kind an, es wird erkannt. Etwas später lernt es auf diese Weise sich selber kennen.

Die Psychoanalyse verrät uns seit mehr als einem Jahrhundert und die experimentelle Bindungsforschung bestätigt es seit etwa 40 Jahren: Das Neugeborene oder Kleinkind entfaltet im *Ineinander* mit Mama sein eigenes seelisches Leben. Es entwickelt Eigenarten, Vorlieben und Abneigungen in der »Spiegelung« mit Mamas Gesicht, Mamas Augen, Mamas Lächeln.

*Mama ist die Welt.*

Und weil dies so ist, sind die folgenden Sätze zutreffend: *Nur* bei der Mutter – vielleicht, bei einer verlässlichen mütterlichen Bindungsperson – kann ein Kind Befriedigung und Stillung finden, kann es »ganz still werden«. Wenn diese verlässliche Stillung in den ersten Lebensphasen nicht oder nicht ausreichend eintritt, dann wird das »Still-sein« ein Leben lang nicht möglich werden.

Ich vermute, dass die vielen nervösen, hyperaktiven Kinder, die wir heute auf den Spielplätzen und Schulhöfen antreffen, bereits diese erste Stillung nicht ausreichend erfahren haben. Nicht verlässlich genug, nicht dauerhaft genug, nicht regelmäßig genug. Warum dies so ist und wie diese Tatsache mit der Verfassung der modernen Familie und der modernen Gesellschaft zusammenhängt, darauf komme ich in diesem Buch noch an manchen Stellen zurück.

Stillung ist Voraussetzung eines inneren Friedens, den das Kind jetzt erfährt und in sich aufnimmt, dann wird es ihn als Jugendlicher und dann wieder – entlang vielen Reifungsvorgängen – als Erwachsener finden können. Findet es diesen inneren Frieden nicht, dann wird die Friedlosigkeit noch den erwachsenen Menschen um und um treiben. Wenn ein Kind sich gesättigt und »gestillt«, besänftigt und beruhigt fühlt, dann schaut es voller Innigkeit in Mamas Gesicht. Jetzt und hier lernt es, was Konzentration ist, Aufmerksamkeit bis hin zur Selbstvergessenheit. Auch das beginnt jetzt – oder nie!

Das Kind lächelt Mama an, bevor es in einen beseligten Schlaf fällt, und Mama lächelt zurück. Dieses Lächeln ist das erste kommunikative Zeichen, das ein Kind von einem anderen Menschen empfängt. »Es ist«, schrieb ich in meinem Buch »Das Drama des modernen Kindes«, *»gleichbedeutend mit dem Versprechen des Lebens.«*

5.

Ein Kleinkind hat keinen Halt und keine Sicherheit in sich selber. Beides gewinnt es erst schrittweise durch den Austausch von Blicken und Gefühlen mit der Mutter. Wir müssen diesen Vorgang genau verstehen. Ich skizziere:

Vielleicht zeigt ein Kind ein Lächeln, vielleicht eine missmutig vorgeschobene Unterlippe, vielleicht eine steile Falte des Unmutes auf seiner kleinen Stirn. Dies alles sind Signale seiner momentanen Befindlichkeit, seiner Stimmung. Aber diese Befindlichkeit ist nicht, wie bei einem älteren Kind oder einem Erwachsenen, *festgelegt*. Sie befindet sich gewissermaßen nur im Probestadium. Ob es lächelt oder laut vor sich hingackert, ob es den Mund zum Weinen verzieht, ganz gleich – von Mama hängt es ab, welche Gefühle sich letztlich durchsetzen und »bewusst« werden.

Wenn Mama das Lächeln bestätigt, dann empfängt das Kind sozusagen über Mamas Reaktion erst die *Gewissheit* seines frohen Gefühls. Mama lächelt, nun lächelt das Kind zurück. *Jetzt ist ihm nach Lächeln zumute.* Es ist froh!

Mama prägt und festigt das Selbstempfinden.

Aber ebenso kann sie es auch korrigieren oder umlenken. Baby schiebt die Vorderlippe nach vorn und zeigt seinen Missmut, die ganze Welt ist wieder einmal nicht so, wie Baby es sich vorgestellt hat, Baby möchte am liebsten weinen. Mit diesem Grundgefühl durchforscht es nun Mamas

Gesicht, doch Mamas Augen strahlen, sie glänzen geradezu und erleuchten Babys seelischen Missmut.

Der bedeutende Psychoanalytiker Heinz Kohut spricht schwärmerisch von »Mamas Leuchten«. Und was geschieht nun? Die vorgeschobene Unterlippe wird zurückgezogen. Der kleine Mund verzieht sich zu einem erst zögernden, dann breiten, zuletzt wohlgefälligen Grinsen.

Babys Augen antworten auf Mamas lachende Augen (denn Mama freut sich an der puren Existenz dieses geliebten Wesens). Baby fühlt sich umworben und wohlig und aller Missmut weicht. Baby lernt, dass Unwohl-Sein nur ein vorübergehendes Gefühl war, das sich in der behutsamen Reaktion von Mama rasch auflöst. Beim nächsten Mal wird es mit einem unwohlen Gefühl schon geduldiger (»integrierender«) umgehen können.

Baby lernt freilich ebenso, dass Mama auch einmal ganz abwesend wirken kann, dass sie nicht auf Babys Lächeln oder Gurren reagiert. Dies ist das Schlimmste. Die innere Abwesenheit von Mama ist sogar noch schlimmer, als wenn Mama einmal ein ernstes Gesicht zeigt oder vielleicht sogar böse ist und leise vor sich hinschimpft. Selbst das Schimpfen ist noch »Kommunikation«. Selbst im Schimpfen kann Baby sich noch »spiegeln« (freilich auf eine Weise, die Baby gar nicht gefällt). Der Austausch von Mama und Baby wird dabei nicht in Frage gestellt.

Nur wenn Mama »abwesend« ist, wenn ihr Blick an Baby vorbeigleitet, wenn sein Lächeln und sein Missmut nicht beachtet werden, weil Mamas Augen ins Leere schweifen – dann ist Baby unendlich allein. Ja, *verloren* ist es dann in einer Welt, deren Kontur und Struktur es nicht erfassen kann. Baby ist ausgeliefert, alle Ohnmachts- und Abhängigkeitsgefühle nehmen plötzlich ein rasendes Ausmaß an. Was Baby in solchen Momenten empfindet, ist vergleichbar der Einsamkeit eines Psychotikers.

In der Tat ist es so, dass Kinder, die oft und zu oft der Abwesenheit, der Nichtbeachtung von Mama ausgesetzt waren, später zu tiefen traumatischen Seelenverfassungen neigen. Borderline-Symptome, Ich-Spaltung oder psychotische Selbstverluste können die Folge sein.

Auch diese bekannte klinische Tatsache bekräftigt, was ich hier deutlich zu machen versuche: Was das »Ich« des Kindes ist, was sein Selbst ausmacht und was das Kind als »Selbst« empfindet – das wird durch Mama bestätigt und gesichert, das wird erst durch Mamas »Spiegelung« zu einer wahrhaftigen Empfindung. Bleibt Mamas Reaktion aus, dann *entgleiten dem Kind seine eigenen Gefühle.* Die dunklen, drängenden Gefühlselemente wie die Gier, die Not, von der wir sprachen, brechen unter Mamas seelischer Abwesenheit mit Macht neu auf und ergießen sich in eine haltlose ungefestigte Seele, letztlich in ein seelisches Nichts.

Mama ist Liebe *und* Not – dies sind die grundlegenden Tatsachen unseres seelischen Lebens. Niemand und nichts kann den Müttern diese Verantwortung nehmen. Niemand aber und nichts kann ihnen andererseits diese Kompetenz streitig machen. Sie ist für jede Mutter und jedes Kind einzigartig.

# Guck mal, wer da ist

Ungefähr zwischen dem 10. und 14. Lebensmonat entwickeln Baby und Mama ein gemeinsames Spiel, das »Guckguck-Daaaa«-Spiel. Es ist ein großes Liebesspiel, nicht anders als die Flirterei zwischen erwachsenen Menschen und sehr vergleichbar dem Gebalze unter Tieren. Mama und Baby vergewissern sich wechselseitig ihrer Zuneigung und Liebe. Für das Baby kommt ein zweiter Aspekt hinzu: Es will immer wieder bestätigt bekommen, dass Mama »da« ist, dass Mama verlässlich ist, dass Mama nicht weggeht. Kurzum, dass man der Welt und insbesondere Mama trauen kann.

Nun wäre diese Vergewisserung natürlich nicht notwendig, wenn es nicht zuvor Zweifel gegeben hätte. Diese Zweifel an der Verlässlichkeit und Vertrautheit der Welt sind unumgänglich. Sie lassen sich gar nicht vermeiden. Sie haben mit dem Reifen der körperlichen und geistigen Kräfte des Kindes zu tun.

Am Anfang dieser seelisch-geistigen Reifung steht nämlich ein seelischer Zwiespalt. Baby benötigt auf der einen Seite die Gewissheit, dass es immer und an jedem Ort von Mama gesehen wird. Dass Mamas Blick schützend und selig auf ihm ruht. Auf der anderen Seite wachsen ihm aber Kräfte der Selbstständigkeit zu und die wollen nun genau das Gegenteil. Sie möchten das Geheimnis im Leben ganz allein entdecken, sie möchten auch einmal im Verborgenen wirken dürfen. Baby möchte das eine und das andere, ein eigenes Leben und immer und ewig bei Mama bleiben. Beides.

Mamas Schauen – das haben wir ja schon erfahren – ist etwas ganz Besonderes. Mamas Blick ist, wie wir verstanden haben, die Vergewisserung der kindlichen Existenz. Mama schaut mich an, also existiere ich. Mama folgt meinen Bewegungen mit ihrem Blick, also kann ich mich weiter und weiter vorantrauen. Und dann – ja dann wollen sich diese Kräfte der Vorwärtsbewegung eben von jeder Bevormundung losreißen. Jetzt will Baby, auf den Knien oder allen vieren krabbelnd, noch weiter und dann noch einen Schritt. Ein Schwindel der Tollkühnheit erfasst es. Wenn Mama mich nicht mehr sieht, was macht das schon? Ich bin ja selber ganz stark, ich bin geradezu allmächtig, mein Körper ist unendlich geschickt, und ich habe selber Augen, mit denen ich die ganze Welt erfassen und kontrollieren kann.

So empfindet das Baby, mutig und noch ganz befangen in seinen symbiotisch-omnipotenten Gefühlen. Und erschrickt sofort.

Dann wendet es sich ganz rasch um und krabbelt eiligst zu Mama zurück, klammert sich an ihr Bein oder will auf ihren bergenden Schoß.

»Was ist denn los?«, fragt Mama verwundert. Sie hat die Vorwärtsbewegung des Kindes bemerkt, aber die Ängste sieht man ja nicht. Sie spielen sich in der Seele ab. Aus all diesen Paradoxien und Widersprüchlichkeiten entfaltet sich nun das »Fort-Da«-Spiel.

Was ist das für ein Spiel? Nun, alle Eltern kennen es. Jedes Kind – übrigens quer durch die Kulturen der Welt – hat es gespielt, oft, immer wieder. Das Spiel beginnt schon in den ersten Lebensmonaten damit, dass Baby sich ein Tuch oder ein Stück Papier vor das kleine Gesicht hält und auf diese Weise breit strahlend äußert: »Baby … weg …!« Wenn Mama intuitiv auf das Spiel eingeht, den Kopf hin und her wendet und so tut, als beginne sie ihr Baby zu suchen, vielleicht unterstützt von Worten wie »Wo ist denn mein Baby?«

oder Ähnlichem, dann kann sich das Kind hinter dem Tuch oder dem Stück Papier vor Vergnügen kaum halten. Es gackert und gnickert still in sich hinein, in Vorfreude auf den Moment, der jetzt als Nächstes eintreten wird: Es zieht nämlich fix das Tuch herunter oder wischt das Papier zur Seite und gibt sich strahlend zu erkennen. *»Daaa!«*

Baby schaut dabei aufmerksam und forschend auf Mamas Gesicht, ob Mama sich denn auch gehörig über seine Wiederkehr freut. Jede einfühlende Mama tut das! Sie klatscht in die Hände oder wirft die Arme vor Freude in die Luft oder dergleichen und gibt jubelnde Erkennungslaute von sich:»Da ... da ist ja mein Baby!« Baby strampelt vor Vergnügen.

Dieses »Fort-Da«-Spiel, das in den ersten sieben oder acht Lebensmonaten einsetzt, wird später verfeinert. (Leicht zu erkennen, dass ältere Kinder genau dies bei ihrem »Versteckenspielen« fortführen. Alle Kinder aller Generationen haben es mit Hingabe auf der Straße und auf Hinterhöfen gespielt.)

Sobald das Kleine krabbeln kann, verkriecht es sich unter den Tisch oder hinter ein Sofa, um von dort ein lang gezogenes »Baby ... fooort!« vernehmen zu lassen. Mama hat sich gefälligst unmittelbar auf die Suche zu begeben. Sonst wird die Spanne zwischen dem Verstecken und Wiederfinden zu lang. Das erträgt das kleine Kind nicht!

Wird es nicht rechtzeitig gefunden oder nicht umgehend geräuschvoll gesucht, dann kann es in ein klägliches Weinen ausbrechen. Plötzlich steigen all die Ängste, die in dieses Spiel eingewoben sind, in ihm auf und drohen die kindliche Seele zu überwältigen.

Aber eine nur annähernd »gute Mutter« begeht solche Fehler auch nicht. Sie begibt sich sogleich auf die Suche. Die darf ruhig ein wenig umständlich gestaltet werden. Ein Blick unter den Tisch oder den Stuhl, während ihr Kleines doch hinter dem Sofa hockt, bibbernd vor Erwartung. Ein verzweifelter Blick im Zimmer rundum und wiederum Mamas Klagelaute:»Wo... Baby...«, sie machen das Spiel lust- und spannungsvoll. Babys Psyche ist dabei zum Zerreißen gespannt. Das so harmlos anmutende Spiel umwebt ja, wie gesagt, die existenziellsten Gefühle eines Kindes. Und endlich das beglückende»Daaa...!«.

Um es noch einmal zu verdeutlichen: Sobald das bewusste Körpergefühl (das Körper-Selbst) in den Vordergrund tritt, sobald Baby oder Kleinkind gelernt haben, dass es die Welt aus eigener Kraft erkunden kann, auf eigenen Beinen die wunderbare Welt der Wohnung durchforschen kann, wird sein Unabhängigkeitsdrang immer stärker. Mit diesem Drang wächst die Angst. Die Unabhängigkeitswünsche sagen:»Ich will weg von Mama!«, und die ebenso intensiven Gefühle des von Mamas Versorgung abhängigen Wesens rufen laut und schrill:»Ich will zurück zu Mama.« Diese Diskrepanz erzeugt eine Spannungsintensität, die irgendeinen Ausdruck finden muss. Eine»Abfuhr«, wie die Psychoanalyse sagt. Sonst wird aus der ungelösten Spannung pure Angstenergie. Das»Fort-Da«-Spiel ist eine raffinierte Inszenierung der Unabhängigkeit (fort) und der ängstlichen Rückbindung (da). In ihm ist die ganze Tragödie des Menschseins, sein Wunsch nach Gebundensein und nach totaler Freiheit, nach Versorgung und Autonomie, nach Nähe (bis zur Verschmelzung mit dem Anderen) und Distanz, eingezeichnet.

Es ist immer wieder erstaunlich, wie weise solche Kinderspiele sind.

# Von Mama weg und hin zu ihr

Eines der anrührendsten Bilder, die es im menschlichen Leben überhaupt gibt, kann man täglich auf den Fußgängerzonen oder in den Kaufhäusern beobachten. Ein 2 $\frac{1}{2}$-, 3- oder 4-jähriges Kind, steht gebannt vor einer Auslage oder rennt auf einen fröhlich plätschernden Springbrunnen zu. Mama muss weiter. Mama bewegt sich langsam von dem Kind weg, dreht sich um, lockt:»Komm bitte!« Der oder die Kleine wendet den Kopf zu Mama, dann zurück zu den schönen Auslagen oder dem fröhlich springenden Brunnen, hin- und hergerissen.

Oft nehmen diese kleinen Alltagsszenen einen schönen Verlauf. Immer dann nämlich, wenn Mama die Bindung zu ihrem Kind – und sei es über 10 Meter hinweg – aufrechterhält, geduldig verharrt, weiter lockt und ruft. Keine Schärfe ist in ihrer Stimme, keine Härte, keine Hektik und Ungeduld. Nur das Rufen, der unendlich vertraute Laut des eigenen Namens aus dem Mund der Mutter:»Komm.«

Dieser Ruf zieht das Kind unwiderstehlich zu Mama zurück, aber gleichzeitig gibt er eben auch die innere Stabilität und Kraft, sich noch ein Weilchen – nur einen ganz kleinen, befriedigenden Moment – doch am Brunnen oder der Auslage aufzuhalten, mit den Händchen hineinzupatschen und das beglückende Gefühl zu empfinden, die Berührung mit dieser verführerischen Welt erlebt und einen kleinen Moment der Autonomie im Innersten gespürt zu haben. Dann wendet es sich erschrocken zurück – allzu viel Selbstständigkeit will kein Kind auf der Welt! – und rennt quietschvergnügt zu Mama zurück.

Sie empfängt ihr Kind mit offenen Armen.

Mit einer kleinen Geste ist die Bindung zu Mama wieder gekräftigt worden, *und sie ist in Verbindung gebracht worden zur Neugier auf die Dinge der Welt.* Unser Kind hat sich in zwei Beziehungen innerlich gestärkt. Diese Stärkung wirkt in ihm fort.

Natürlich erlebt man auch das Gegenteil, die gehetzte, von Terminen geplagte, ungeduldige Mama. Sie hat nicht die Zeit oder nicht die innere Kraft, auf ihr Kind zu warten und es mit ihrem Warten zu locken. Sie hat nicht genug Ruhe in ihrer Stimme.

Deswegen verharren diese Kinder trotzig und mit schiefem Seitenblick auf die Mutter vor den Auslagen oder dem Brunnen oder sonst etwas, sie haben sich innerlich schon verkrampft. *Sie haben keine Freude mehr an den Dingen, aber zu Mama zurück wollen sie auch nicht.*

Die Bindung an Mama wird gestört, die Freude auf die Dinge der Welt ebenso. Mama rennt auf das Kind zu, greift es auf, steckt es in den Buggy. »Wir müssen doch los«, sagt sie, als könne ein Kind etwas mit Terminen und Zeitnöten anfangen. Vielleicht hat Mama in einem unseligen Erziehungsratgeber auch gelesen, dass sie sich »konsequent durchsetzen« müsse. Ein Unglück hat seinen Verlauf genommen.

Manchmal werden solche Szenen im Kinderleben schnell vergessen, andere aber graben sich tief ins Gedächtnis ein. Sie wirken dann noch weiter, wenn der Termin, der Mama gehetzt hatte, längst vergessen und bedeutungslos geworden ist.

# Das Finanzamt und der Hamster

Nein, man ist nicht immer ein guter Mensch. Mitunter hat man ganz hämische, dumme Gedanken. Und Gefühle. Vor allem dann, wenn einem das Wasser bis zum Hals steht. Dann freut man sich völlig unsinnig daran, dass es anderen Leuten auch nicht besser geht als einem selber. Natürlich ermahnt man sich als verantwortungsbewusster erwachsener Mensch sofort und schaltet solche Gefühle wieder ab. Aber wenn wir einmal ganz genau in uns hineinlauschen, dann lässt es sich leider nicht bestreiten: Manchmal ist geteiltes Leid tatsächlich halbes Leid. Obwohl das, wie ich ja eben zugegeben habe, ein ganz dummer und unerwachsener Satz ist.

Jedenfalls ist es noch nicht allzu lange her, da vernahm ich zu meiner verdruckten Freude aus einer Fernsehsendung auf dem heiß geliebten TV-Sender »Phönix«, dass die kleinen und mittelständischen Unternehmen von sturen Bürokraten geknechtet werden, bis sie ganz am Boden liegen. Ein renommierter Unternehmensberater verriet, dass die meisten Kleinunternehmer Großmutters Häuschen oder ihre Lebensversicherung bereits beliehen haben, dass sie sich von den Banken im Stich gelassen und von der Bürokratie getreten fühlen. Aha, nickte ich ingrimmig, denen geht es also genau wie mir.

Folgendes war geschehen: Dem Finanzamt fehlte ein Zettel. Nicht irgendeiner natürlich, sondern eine Vorlage, eine Aktennotiz, ein Formular, was weiß ich ... Der Steuerberater schwor Stein und Bein, er habe das Formular ausgefüllt abgeschickt, das Finanzamt bestritt gar nicht, dass das Papier auch bei ihnen verschusselt worden sein könnte. Aber dies irritiert einen deutschen Beamten nicht. Meine Konten wurden gesperrt, von einer Stunde zur anderen.

Natürlich hätte man beim Finanzamt auch zum Telefonhörer greifen und den Steuerberater anrufen können, in einer halben Stunde wäre im elektronischen Zeitalter das Problem erledigt gewesen. Aber das ist nicht die deutsche Art, schon gar nicht, wenn es um kleine Unternehmungen wie eine kinderpsychologische Praxis geht. Kurzum, zielsicher wählte die Bürokratie den umständlichsten Weg. Sie pfändete also das Konto. Beide Konten, um genau zu sein.

In diesem verzweiflungstiefen Moment betrat das Kind die Bühne, genauer gesagt, es betrat mein Arbeitszimmer und zog ein so kummervolles Gesicht, wie es eigentlich mir angestanden hätte.

»Ich brauche einen Hamster«, erklärte das Kind. Auf Hamster war ich zu diesem Zeitpunkt wie auf alles, was Geld kostet, nicht gut zu sprechen. Ich zog also mein Töchterchen liebevoll auf mein Knie und begann zu erklären:»Du musst jetzt ganz stark sein. Dein Papa hat kein Geld mehr.«

Einschränkungen kamen auf uns zu, der gewohnte Milchshake, die kleine Erholung nach der Schule in unserem Eiscafé, würde entfallen. Wer rechnet schon damit, dass ohne ersichtlichen Grund die Konten gesperrt sind. Ich hatte nicht vorgesorgt. Es war buchstäblich nichts mehr da.

Das Kind schaute mich aufmerksam an, nickte nachdenklich mit dem Kopf und erkundigte sich:»Und was ist jetzt mit meinem Hamster?«

»Du hast«, sagte ich»den Ernst der Lage noch nicht ganz verstanden. Also, der Milchshake ist für morgen gestrichen und für übermorgen auch, ins Kino können wir am Wochenende nicht gehen, Papa hat kein Geld, er hat nicht einmal ein leeres Konto, sondern überhaupt kein Konto. Und dann wollten wir doch zum Frühlingsfest, daraus wird auch nichts.«

Ich wollte ihr soeben noch in farbenreichen Erläuterungen deutlich machen, dass der pingelige Geist der deutschen Bürokratie daran schuld sei, aber sie nickte so betrübt, dass ich meine ausmalenden Sätze auf später verschob.

Mein Kind schaute mich klug und groß an. Sie hatte alles verstanden. Es gab keinen Zweifel, wie sehr sie mit ihrem Vater und seinem schweren Schicksal mitfühlte. Sie nickte wieder versonnen und sagte: »Manche haben unten einen Fleck. Und zwar …«, fuhr sie fort, »haben manche einen unter der Brust und manche oben auf dem Rücken. Das sieht lustig aus. Ich werde ihn Flecki nennen.«

»Wen?«, fragte ich ein wenig verwirrt.

»Den Hamster«, erklärte das Kind, »worüber reden wir denn?«

Das war die entscheidende Frage. Ja, worüber redeten wir eigentlich? Ganz allmählich dämmerte es meinem von Sorgen verdüsterten Kopf, dass ich gar keinen Grund hatte, meine kleine Tochter auf die Realitäten des Lebens zu verweisen und noch einmal die Ernsthaftigkeit der leeren oder gepfändeten Konten zu erläutern. Ganz offensichtlich hatte sie ohnehin alles verstanden. Nur erschien ihr ein Hamster respektive die verschiedenartigen Platzierungen der weißen Flecken auf seinem Fell von unvergleichlich höherer Wichtigkeit.

Und wie ich da so, in meine Bitterkeit verkrochen, auf dem Stuhl saß, beschlich mich die Vermutung, dass sie Recht haben könnte. Das Kuschelfell eines kleinen Tieres, die Größe des Drehrades, das für ihn besorgt werden muss, die Möglichkeit, ihn über die Schulter und den Rücken krabbeln zu lassen, erschienen ganz allmählich auch mir unverhältnismäßig bedeutsamer als die erstarrte Bürokratie, die mir zu schaffen machte. Der listige Gesichtsausdruck, der

Hamstern eigen ist und den mein Töchterchen mir in bunten Farben zu schildern begann, erregte im Übrigen zunehmend meine Neugier und lenkte mich von den betrüblichen Kontoständen ab. Die Frage, ob man sich mit einem Hamster gut unterhalten kann, nahm im weiteren Verlauf unseres Gespräches einen zentralen Platz ein.

»Wenn ihr nämlich«, sagte mein Töchterchen, »beispielsweise bei meiner Lehrerin zu einem Gespräch seid oder ins Kino geht, dann bin ich ganz allein.« Auf meine hochgezogenen Augenbrauen reagierte sie fix, wie es Art eines schlauen Kindes ist. »Mein Bruder«, fuhr sie fort, »zählt nicht. Der spricht ja nicht mit mir. Nie. Ich habe überhaupt niemanden, der mit mir spricht, außer eben diesen Hamster.« Ich sah ihn auch schon vor mir, den Fleck direkt unterhalb der Brust oder oben auf dem Rückgrat, just über dem Hinterteil. Der Fleck war sozusagen nicht zu übersehen. Er war präsent. Mindestens so präsent wie die Ziffern auf den Konten, die man ja, genau betrachtet, auch nicht *wirklich* sehen, sondern sich nur kummervoll vorstellen konnte.

Ich fühlte mich in der Tat getröstet, erleichtert, ja, mit einer gewissen kindlichen Weisheit auf die wesentlichen Dinge des Lebens zurückverwiesen. Ich zog mein Töchterchen an mich und drückte ihr einen Kuss auf die Nase. »Das hast du prima hingekriegt«, sagte ich. Sie wusste nicht ganz, was ich gemeint hatte, zog aber aus meinem Lob die nächstliegende Folgerung. Nickte noch einmal mit dem Kopf und sprach: »Also bekomme ich einen Hamster. Hurra!!«

Freilich, dazu mussten erst die Konten von den Behörden freigegeben werden. Gut, dass dies ein paar Tage später eintrat. Aber über diesen Zusammenhang habe ich meine kleine Tochter nicht aufgeklärt. Dies gehört zur bornierten Welt der Erwachsenen. Sie wird schon noch früh genug in ihr Leben treten.

# Von der Liebe zu den Großeltern

Wie sehr sie lieben können, diese Kinder, maßlos, unbedingt, ehrlich noch im Kummer. Die Großeltern werden geliebt – jedes Kind, dem Oma und Opa vorenthalten werden, ist ein betrogenes Kind, manche Eltern sollten sich das merken. Kinder lieben ihre Großeltern, es sei denn, die halten sich so neurotisch an uralte Erziehungsregeln, dass den Kindern die Liebe ausgetrieben wird – aber so dumm sind die allermeisten Großeltern nicht. Den anderen ist auf Erden eh nicht zu helfen.

Die allermeisten vergöttern ihre Enkel, einen wie den anderen. Sie verwöhnen sie, sie sehnen sich nach ihnen, wenn sie einige Hundert Kilometer weit weg wohnen, was in einer mobil-globalisierten Weltordnung leider oft der Fall ist, sie stehen von schwierigsten Malaisen wie Rückenschmerzen und Rheuma getröstet aus dem Bett auf, um in einen Zug zu steigen und ihre Enkel zu besuchen, und freuen sich die ganze Zeit – dabei sind die Rückenschmerzen nicht eingebildet, sondern real, und das Rheuma ist auch real, aber die Vorfreude eben auch. Oder sie warten den ganzen Tag darauf, dass die Kleinen von den Eltern herbeikutschiert werden, und haben Kuchen gebacken, was den meisten von ihnen nie gelingt (der gekaufte ist aber auch nicht besser), und sie kommen kaum zur gewohnten Mittagsruhe vor lauter Erwartung. Das alles wissen die Enkel.

Sie *wissen* es natürlich nicht, aber spüren, atmen, riechen es, wenn sie das Haus der Großeltern betreten, sich an die — in solchen Momenten des Wiedersehens — gar nicht mehr so gebrechlichen, verletzlichen alten Körper klammern und verbergen und auf die Stimmen der Alten lauschen — alte Stimmen haben für Kinder immer einen versöhnlichen Klang, wenn sie liebevoll sind: Ich weiß auch nicht warum, erinnere mich aber genau daran und habe bei den eigenen Kindern dasselbe beobachtet. Alte Stimmen sind versöhnlich, selbst wenn sie mal meckern. Nur meckern Großeltern meist nicht, die knappe gemeinsame Zeit ist viel zu kostbar. Ihre Lebenszeit auch. In beides fließen ihre Liebe zu den Enkeln und die Liebe der Enkel hinein, wie ein großer Strom, der für einen Nachmittag oder ein Wochenende die Mühen des Alltags überflutet. So etwas ist auch Realität — ohne unsere Kinder hätten wir sie nicht.

Und falls wir tatsächlich vom Leben so hart und bitter geworden sind, dass wir diese Liebe aus eigener Kraft nicht mehr aufbringen, dann müssen wir uns halt die Geduld und die Selbstdisziplin nehmen und in ihre kleinen Gesichter schauen — diese pure Lebensfreude, diese vorbehaltlos dem Leben zugewendete Wachheit. Erwachsene haben das nicht. So wenig wie eine Intuition für Märchen und Magien — abgesehen von wenigen unter ihnen, den Künstlern vielleicht. Wir, erwachsen geworden, können uns allenfalls erinnern: Unsere Beschwörungen magischer Welten, von denen wir unseren Kindern und Enkeln gern einmal erzählen, weil sie nach Märchen und Mystik verlangen, ist mehr Erinnerung als Mit-Erleben. Immerhin spüren wir angesichts ihrer aufmerksamen Gesichter und ihrer gespannten Augen, dass wir etwas verloren haben — und unsere Sprache wird in ihrer Gegenwart dichter, voller, schöner. Und unsere Erinnerung weniger blass, als sie vorher war.

So viel können wir von unseren Kindern lernen. Ohne sie gäbe es all das nicht, nur Vergessen im Alter (und manchmal schon im Alltag, dieser Hektik) und Rückenschmerzen.

Warum rede ich so ausführlich von den Großeltern? Lieben Kinder Mama und Papa etwa nicht? Natürlich tun sie das, sie können gar nicht anders. Aber diese Liebe steckt so tief, dass ihr gleichsam die Glanzlosigkeit des »Selbst-verständlichen« anhaftet, das dem bewussten Erleben oft leichtfertig entgleitet – das ist auch nicht weiter schlimm. Sie ist ja immer da.

Aber die Großeltern, die sind noch mal etwas ganz Besonderes, sie sind Tradition, die große Lebenslinie einer Familie. Sind Kindheit von Vater oder Mutter und waren selber Kinder – das alles wird nicht bewusst, ist gleichwohl anwesend, wenn die ganz Alten – es kann ja auch die Urgroßmutter sein – mit den ganz Jungen spielen, reden, Kuchen verspeisen oder Rhabarber kochen. Immer ist diese große Spanne Zeit da, in die die Kindheit von Mama und Papa eingewoben ist, unfassbar wie das Leben selbst, irgendwie anwesend. Vertrautheit gibt es für ein Kind auch mit anderen Erwachsenen, aber diese Art von Vertrautheit eben nicht.

An den Alten, wenn sie ihre Enkel umarmen oder mit ihnen, schon leicht außer Atem möglicherweise, am Bach Brücken bauen oder Ball spielen oder in der Küche herumwerkeln, wird erkennbar, dass eine Familie viel mehr ist als dieser eine oder jene andere, mehr als das nur Individuelle. Am Bild von Großvater und Enkel beispielsweise, Großmutter und Enkelin, ganz egal, spannt sich eine Verbindung, die mehr ist als nur Persönliches, nur Ego. Aus solch einem Bild entsteht und erwacht eine der kleinen Utopien, die uns nicht oft, aber eben manchmal, im Alltag überfallen. Dann atmen wir auf.

02

# LIEBE KANN MANCHMAL AUCH SCHIEFGEHEN

# Baby hat Mitgefühl, aber Mama will »erziehen«

Baby hält eine Puppe in der Hand, in der anderen Hand einen kleinen Stofffetzen. Der Stofffetzen macht von sich aus eigentlich nicht viel her. Es ist eben nur ein Stück Stoff, pink oder rosa bemalt, gerade so, wie es kleine Kinder gern mögen. Baby entwickelt nun gerade seine Fähigkeiten, die Puppe als ein »eigenständiges Objekt« anzusehen. Die Puppe ist kein erweitertes »Baby-Ich« mehr, wie es bis vor wenigen Wochen der Fall war, sondern ein eigenständiges Ding.

Kinder springen in ihrer Entwicklung hin und her. Manchmal haben Einjährige »helle Momente«, in denen sie einfach zwei oder drei Entwicklungsschritte überspringen, um dann am nächsten Tag oder eine Stunde später wieder zurückzufallen. Man kann Kindheit eben nicht schematisieren, das kann ich gar nicht oft genug betonen. Nehmen wir also an, unser Kleinkind ist 14 oder 15 Monate alt. Es hat einen ersten Sprachlaut für die Puppe gefunden »Pup-pup ...« oder einen Fantasienamen aus zwei gleichen Silben wie »Lulu ...« oder »Lala ...«. Sprache ist Voraussetzung dafür, dass Baby die Puppe als eigenständiges Objekt begreift und nicht als Teil der symbiotischen »Baby-Mama-Welt«. Die Puppe gehört zur Welt der Gegenstände. Die Sprachlaute, die ihm immer genauer gelingen, helfen dem Kind, diese schwierige Einsicht zu vollziehen.

Dies allein ist eine enorme seelische und geistige Leistung. Hat unser Kleines aber einen besonders »hellen« Tag erwischt, dann ist es mit seinen 12 oder 14 oder 16 Monaten in der Lage, einen weiteren gedanklichen Schritt zu vollziehen.

Das Kind beginnt, sich die *Gefühlslage* der Puppe in seinem kleinen Köpfchen auszumalen. Es sagt oder stottert, plappert oder blubbert: »Pupp... kalt.« Es will sagen, dass die arme Puppe möglicherweise friert. Kleine Kinder haben ein tiefes Gefühl für die Dinge um sie herum, weil sie selber alles so durchlässig erleben. Wenn sie frieren, dann fühlen sie sich hilflos, ohnmächtig – sie sind darauf angewiesen, dass Mama ihr Frieren oder ihren Hunger erkennt und füttert oder wärmt. Mit dieser Intensität der eigenen Ohnmacht beginnt das Kind nun, Empathie (Mitgefühl) für die Puppe zu entfalten.

Dass diese Puppe so nackt und bloß, wie sie vor ihm liegt, friert und eingehüllt werden muss, das kann Baby zwar nicht verstehen, aber empfinden. Auf der Grundlage seiner Empfindung und mithilfe der Sprachlaute, mit der es seine Empfindung ausdrückt, gelingt Baby nun ein dritter Schritt. Damit sind wir wieder beim rosa Stofffetzen in der rechten Hand.

Der Stofffetzen ist also entweder eine Decke, die das Püppchen behutsam bedeckt und wärmt, oder ein Kleidchen, mit dem Baby die Puppe bekleiden will. Das Kind verbindet nun seine Realitätstüchtigkeit mit seinem Mitgefühl. Oder anders gesagt: Es verhält sich vernünftig und empfindsam. Was kann man mehr erwarten? Es nimmt den Stofffetzen, hüllt ihn um den nackten Puppen-Leib und stellt zufrieden mit dem Kopf nickend fest: »Pupp... warm...« Wahrhaftig eine einzigartige Leistung! Man muss sie sich nur einmal ganz der Reihe nach vor Augen halten!

Nun stellen wir uns vor, Mama ist ein sozial eingestelltes und pädagogisch interessiertes Wesen, Mama kommt herein und will mitspielen. Da kann es gut sein, dass Baby so vertieft ist in die Anstrengungen seiner drei Gedankenschritte und gleichzeitig so fasziniert von seinem »Werk«, dass es nach Mamas Hand haut, sie zumindest abwehrt oder zur Seite schiebt. Mama reagiert gekränkt.

Dafür muss man Verständnis haben. Für alle Mütter und Väter dieser Welt ist die geringste Abwehr ihrer Kinder eine riesengroße Kränkung. Das hat unmittelbar mit der schon erwähnten Liebe zu tun, die alle Mütter und Väter für ihre Kinder haben. Liebe macht eben empfindlich!

Aber dann entwickeln viele Mütter und viele Väter auch eine dumme Eigenart. Statt zuzugeben, dass sie auf eine ganz unvernünftige Art gekränkt sind, überdecken sie ihr kleines Gekränktsein mit irgendwelchen moralischen oder pädagogischen Begründungen. Je unplausibler diese Begründungen lauten, desto fester glauben sie daran. Mama meint vielleicht, dass Baby auch »teilen lernen« soll, oder denkt an irgendeine andere, ethisch hochstehende, aber leider völlig verständnisarme Maxime. Mama drängelt sich also in Babys Spiel hinein und stört empfindlich. Sie stört Babys Versenkung in seine höchst komplizierten Gedankenwege und darüber hinaus den Stolz, den Baby bei seinen Gedanken und Tätigkeiten empfindet.

*Jedes Wesen auf dieser Welt würde sich nun zur Wehr setzen.* Wenn Baby aber nun losschreit, Mama zur Seite schiebt oder gar auf ihre Hand haut – manche Mütter glauben allen Ernstes, sie müssten nun zurückhauen, damit »das Kind *es* lernt« –, dann reden wir von »Trotz«. Verständnisloser kann man über das seelische Leben eines Kindes gar nicht sprechen. Von Trotz kann nicht die Rede sein. Trotz ist ein dummes Wort, ich hoffe, dass dies allmählich deutlich wird. Zu reden ist von gekränktem Stolz, gestörter Tüchtigkeit, zu reden wäre – wenn man es denn böse formulieren will – von der Eigensucht von Mama, die sich auch noch ein gutes

Gewissen daraus macht (»soziales Lernen, teilen lernen«), dass sie ihr Kind in seinem klugen und vergnügten Spiel unterbricht. Wieder so ein unnötiges Drama, eigentlich sogar eine Tragödie. Und was, glauben Sie, würden jetzt die »7 Tipps, wie mit Trotz umzugehen ist«, nützen? Nichts nützen sie. Sie würden das Missverständnis nur noch weiter vertiefen. Sie würden die mütterliche Rechthaberei nur noch weiter stützen. Kurzum, sie würden nichts als Unheil anrichten.

Wir haben wieder nur *eine* Chance, aus der verfahrenen Situation herauszukommen. Sie besteht darin, dass die mütterliche Liebe und Intuition dazu ausreichen, dass sie in ihrem pädagogischen Handeln innehält und für einen Moment überlegt, wie sich die Welt aus der Sicht ihres Kindes darstellt. Wir haben nur die eine Chance, dass Mama nun das leistet, was ihrem Kind zuvor mit der Puppe gelungen war, nämlich »Empathie« (Mitgefühl) zu entwickeln. Empathie führt zum Verstehen, aus dem Verstehen ergeben sich Lösungen. *Mangel* an Empathie führt zu nichts, außer zu unrichtigen Bezeichnungen (»Trotz«) und zu falschen Reaktionen. Die kränken dann beide: Mama ebenso wie das Kind.

Solche Kränkungen heilen Gott sei Dank meist schnell. Aber nicht immer! Manche hinterlassen Narben. Und Narben schmerzen bekanntlich ein Leben lang.

# Mama sperrt Babys Aufmerksamkeit ein, das Kind verstummt

Eine kleine Szene, beobachtet in einem Gartenlokal. Eine Mutter und ihr ca. 1-jähriges Kind, eine nette Szene, liebevoll tupft sie die Nase ihres Babys, liebevoll wischt sie seinen Mund ab, liebevoll nimmt sie das Kind auf den Arm. Das Kind ist etwas mehr als ein Jahr alt, es hat bereits begriffen, dass es außer Mama auch noch eine Welt gibt. Diese Welt verspricht Abenteuer. Baby ist neugierig.

Seine Augen richten sich nach links und rechts, starren den am Nebentisch sitzenden Mann an, warten auf ein Zeichen, eine Antwort auf Babys Neugier. Dieser Mann war ich. Ich spürte die wachen, neugierigen Augen des Kleinkindes und antwortete.

Nun ist es so, dass irgendein – vermutlich genetischer! – Defekt meiner seelischen Konstitution mich dazu zwingt, mit sehr kleinen Kindern spontan irgendwelche Faxen zu machen. Ich kann nichts dafür! Baby guckte mich mit hochgezogenen Augenbrauen an, ich zog ebenfalls die Augenbrauen hoch. Baby grinste breit, und ich grinste zurück, rümpfte dann auffällig die Nase. Baby begann zu gackern, quietschvergnügt.

So ging es eine Weile hin und her. Nur die Mutter schaut mich nicht an, sie schaut nicht einmal zur Seite. Unverwandt bleibt ihr Blick auf das Kind gerichtet. Ihr Blick bekommt dabei etwas Starres, Fixierendes.

Sie will das Kleine zu sich zurücklenken.

Jetzt ist etwas übermäßig Entschlossenes, etwas Grimmiges in ihrer Gestik und ihrem Gesicht, eigentlich will sie das Kind *zwingen*.

Baby spürt den Zwang und ist verwirrt. Es möchte einerseits den Kontakt mit mir und der merkwürdig lustigen Umgebung nicht aufgeben, andererseits ist Mama natürlich das Wichtigste und Größte auf der Welt. Auf Mama kann Baby ganz und gar nicht verzichten, Mamas Missmut muss sofort beschwichtigt werden.

Baby zerrt also seine Aufmerksamkeit von diesem komischen – »komisch« im wahrsten Sinn des Wortes – Menschen am Nebentisch weg und dreht den Kopf zu Mama zurück.

Mamas Blick ist ernst. Immer noch fixierend. In diesem Moment wird ein Zug von Selbstsucht unübersehbar. Auch die anfänglichen liebevollen Gesten, die ich freundlich bemerkt hatte, bekommen etwas Doppelbödiges. Sie waren offenbar auch dazu angetan, das Kind von der Außenwelt abzuschotten. Mama will ihr Kind ganz allein für sich. Sie duldete in ihrer Innigkeit nicht die winzigste Unterbrechung.

Plötzlich begann die Kleine zu weinen. Ihr Weinen war nun wirklich leicht zu verstehen: eine Reaktion auf ihre innere Zerrissenheit. Nur diese Mutter ist ratlos. Sie versteht nichts. Sie hat ja auch sich selber im Verhältnis zu ihrem Kind nicht verstanden. Ihre Liebe hat etwas Begrenzendes. Ihre Liebe öffnet den Blick des Kindes nicht hin zur Welt, sondern versperrt ihn. Die Antwort des Kindes: Verwirrung und Traurigkeit.

Dies alles hat viel mit der Entwicklung der Sprachfähigkeit zu tun.

Auch das ist einfach erklärt. Dieses etwas mehr als einjährige Kind ist durchaus schon in der Lage, die ersten *Artikulationen* hervorzubringen. Es versucht bereits angestrengt, die Dinge der Welt zu benennen. Für jedes hat es einen ein- oder zweisilbigen Laut. Diese Laute nähern sich immer mehr der Sprache, der Muttersprache an.

So verbinden sich für das Kind seine Bindung, seine Liebe zur Mutter mit den Dingen der Welt draußen. Die »Muttersprache« ist ein inniges Band zwischen der symbiotischen Beziehung zu Mama und der Neugier auf die Ding-Welt. Wird aber Baby nun häufiger als nur dieses eine Mal, nämlich viele Male, vielleicht sogar unzählige Male, in den eben beschriebenen Konflikt gerissen – hier ist Mama und verlangt alle Aufmerksamkeit, eine *exklusive* Aufmerksamkeit sozusagen, dort ist die Welt und mit ihr die Verführung zum Sprechen –, dann wird die Sprache des Kindes ebenso verarmen wie seine Neugier.

Gewiss wird auch dieses Kind sich seelisch und körperlich entwickeln, es wird sich aufrichten und an den Dingen der Welt Interesse finden. Aber sein Aufrichten und seine Interesse werden gehemmt. Einen inneren Vorbehalt kann das Kind nicht abstreifen, eine fühlbare Barriere. Sie ist der innerseelische Reflex auf Mamas Versuche, Babys Interesse von der Welt weg und zu sich hinzulenken.

Ein *entfaltetes* Sprachvermögen braucht immer beides: die Gewissheiten entlang der Mutterbindung *und* die vorbehaltlose Neugier auf die Ding-Welt draußen. Wird dieses Gleichgewicht gestört, dann macht sich die Störung als Sprachhemmung wieder bemerkbar.

Solche übermäßig mutterzentrierten Kinder entfalten dieselben Eigenarten wie die hyperaktiven Kinder, sie entfalten auch dieselben Sprachdefizite. Die Sprache wird ihnen nicht richtig vertraut, so wie auch die Dinge der Außenwelt immer etwas Fremdes, ja insgeheim Feindseliges bedeuten. Sie stehen ja in Kontrast oder gar in Rivalität zur Mutterbindung.

Diese Kinder versuchen später bei ihren Kontakten mit

anderen Kindern »symbioseähnliche Gefühle« wieder zu beleben. Am liebsten würden sie ihre Spielgefährten dazu zwingen, ebenso versorgend, ebenso fürsorglich, ebenso selbstlos zu sein, wie es die Mutter einst war. Sie wollen immer im Mittelpunkt stehen oder sie fühlen sich hilflos.

Aber Spielgefährten sind nicht so. Sie sind nicht mütterlich. Sie sind *sozial*, sie sind auf Austausch von Interessen und Bedürfnissen aus. Bei diesem offenen Spiel des sozialen Lebens versagt unser überversorgtes Kind. Der exklusive Mama-Raum bleibt ihm als verführerische Alternative immer im Kopf.

Seine Sprache bildet dies alles ab. Sie wird nicht zur freien Sprache eines kindlichen Selbst, das sich selbst-ständig im Raum bewegt. Sie bleibt ausdrucksarm.

Oft sind diese Kinder hochsensibel, aber sie können ihre seelische Verfassung nur schlecht oder gar nicht mitteilen – manche bedienen sich auch einer merkwürdig gekünstelten, überbewussten Sprache. Das Fließende der Sprache, das aus der intensiven Zuwendung zu den bunten Dingen der Welt, zum lustigen Spiel mit anderen entspringt, das fehlt weitgehend. Das Selbst-Verständliche ist in diesem Sprechen niemals ganz erreicht worden.

Der Eintritt in die Schule wird für diese Kinder oft zur Tragödie. Sie fürchten sich vor allem und jedem. Mama soll neben ihnen auf der Bank sitzen. Aber damit grenzen sie sich natürlich wieder aus, die anderen Kinder lachen schon. Unser Kind will nicht, dass die anderen lachen, es will ja mit einem *Teil* seines Wesens auch auf dem Pausenhof herumtoben, es will ja eigentlich auch schreiben und lesen wie alle. Es ist ja, wie alle Kinder, auch ein soziales Wesen und will hin zu den anderen und mit ihnen herumspringen, albern und verspielt sein und Abenteuer erleben. Aber Mama ist *zu* sehr »da«, von Mama kann es nicht lassen!

Verstehen Sie mich nicht falsch: Ich richte keine Vorwürfe an diese Mutter im Gartenlokal. Ich kenne sie ja gar nicht. Vielleicht war sie an diesem Nachmittag einfach müde, vielleicht hatte sie aus irgendwelchen Gründen ein besonderes Bedürfnis nach Babys Nähe (nicht nur Kinder wollen Liebe von ihren Eltern, auch Eltern brauchen manchmal ganz dringend viel Liebe von ihren Kindern und das ist ganz in Ordnung so). Vielleicht hatte sie ganz einfach schlechte Laune. Ich will es für das Kind hoffen. Nein, eine einzige kleine Begebenheit an einem einzigen Nachmittag, den Mama vielleicht missmutig oder übel gelaunt zubringt, schadet keinem Kind. All das wird unter der Fülle schönerer Erfahrungen schnell vergessen.

Sollte es aber so sein, dass diese Nachmittagsszene typisch war, dass diese Mutter sich in vergleichbarer Weise immer wieder verhält, dann wäre die skizzierte traurige Entwicklung fast unvermeidlich. Man muss nicht Psychologie studiert und keine tiefenpsychologischen Bücher verschlungen haben, um dies zu verstehen. Alles liegt ja klar auf der Hand.

Was hätte sie also anders machen sollen?

Sie hätte das Grimassieren und Stirnrunzeln, vor allem aber das Lachen und Gackern ihres Kindes mit Freude aufnehmen sollen. Baby hätte diese Freude gespürt. Es hätte einen lebendigen Kontakt mit diesem fremden Mann oder sonst etwas im Gartenlokal, das sein Interesse auf sich zog, aufnehmen können. Baby hätte einen bereichernden Nachmittag erlebt.

Baby hätte eine frohe und freie Welt erlebt und nicht nur den engen Innenraum, den es schon kannte.

Dieser symbioseähnliche Innenraum ist Voraussetzung für alles, das habe ich in den vorausgehenden Kapiteln ja ausführlich beschrieben, aber er ist nicht genug. Baby muss ihn überwinden. Dies ist ein wenig die Tragik aller Eltern, insbesondere der Mütter. Ihre Liebe muss zuletzt dazu führen, dass ihr Kind sie nicht mehr benötigt und verlässt. Nicht alle Mütter bestehen diese Herausforderung, viele Väter auch nicht.

Mama hätte sich an Babys Neugier freuen sollen, vielleicht hätte sie einen kurzen Kontakt mit mir oder sonst jemandem in diesem Gartenlokal aufnehmen sollen, ein paar Worte, ein Blickkontakt, ein freundliches Lächeln. *Die Kunst der Mutterliebe ist auch eine Kunst der Lebensfreude.* Der frohe Kontakt mit anderen, die Bereitschaft, einem wildfremden Menschen zuzulächeln und sich erst dann wieder abzuwenden, die Fähigkeit kurzum, angstfrei und offen auf die Menschen und Dinge der Welt zuzugehen, dies alles stützt Babys Neugier, seine kreative Abenteuerlust und sein Verlangen nach Ausdruck und Kontakt. Dies alles wird in seinem Sprachvermögen verankert. Mama ist auch hier ein Spiegel. Wo Mama sich kalt von der Welt abwendet, da wird die Welt für das Kind ebenfalls erkalten.

# Verlorene Kinder,
## manchmal ganz allein

Kinder bewegen sich auf ihrem verwegenen und schönen Weg, der sie in die unbekannte Welt führen soll, immer in zwei Richtungen gleichzeitig: einmal weg von Mama, zum anderen hin zu Mama. Jeder Schritt in die Welt hinein muss bei der Mutter rückversichert werden. Gerade so, wie ein Bergsteiger auf steilem Fels jeden Schritt erst geduldig abklopft, schauen die Kleinen immer wieder zu Mama zurück. Ist sie noch da? Hat sie ihren Blick schützend auf das Kind gerichtet, steht ihr die Sorge ins Gesicht geschrieben? Erst Mamas Sorge gibt dem Kind die Kraft und Zuversicht, sich wieder von Mama abzuwenden und einen neuen riskanten Schritt ins Ungewisse zu unternehmen. Schützend und stützend muss der sorgenvolle Blick auf dem kleinen Körper ruhen. Dies erst gibt dem Kind die innere Kraft, die es dazu befähigt, mit gezieltem Griff nach dem Tischbein oder Spielzeug zu fassen, nach der Schaufel, der Puppe oder nach dem Ball. Mama muss da sein, ihre Sorge fühlbar. Dies ist die seelische Voraussetzung für den Kindermut.

Aber wenn die Ermutigung zur Selbstständigkeit zum Selbstzweck wird, wenn damit andere Absichten verfolgt werden, nämlich das Kind fit zu machen für den Konkurrenzkampf draußen in der Welt, für Macht und Leistung, dann stoßen Mütter ihr Kind, indem sie es »nach vorne« bringen wollen, häufig genug weg von sich.

Manchen kleinen Kindern kann man den Schreck und

die Desorientierung ansehen, wenn sie den Kopf zu Mama drehen und Mama keine Zeit für sie hat. Mama ist in ein Gespräch vertieft. Mama sitzt auf der Bank am Spielplatz und spürt nicht die fragenden Blicke ihres Kindes, sie ist damit beschäftigt, der Freundin alles Mögliche mitzuteilen, dass der Bausparvertrag bald fällig wird und damit der Umzug in eine noch größere Wohnung. Oder Mama hat eben diesen erbarmungslosen Unsinn gelesen, dass sie ihr Kind »loslassen« muss und also zu eigenem Mut motivieren, und sie hat das alles geglaubt. Oder aber sie schämt sich für ihre Angst vor den anderen Müttern, die so viel zeitgemäßer wirken. Hundert Gründe! Dem Kind ist es gleich. Ihm sieht man an, dass es sich weggestoßen fühlt, Mama müsste nur genau hinschauen, dann würde sie es auch erkennen. Aber das tut sie ja nicht.

Nichts anderes als Erschrecken zeichnet sich auf dem kleinen Gesicht ab, aber nun will es erst recht nicht zurück. Mamas Abwendung hat ihm diesen Weg versperrt. Es muss weiter. Und dann stiefelt es wirklich die schwierige Treppe zur Rutschbahn hinauf, versucht die Mauer hochzuklettern, den Abhang zu erklimmen.

Was das Kind jetzt vorantreibt, wo es allein ist, kann man sehr wohl als »Mut der Verzweiflung« bezeichnen. Solch einen Mut haben Menschen, wenn sie sich in eine Sackgasse getrieben fühlen. Würde man die Mutter befragen, dann würde sie ins Feld führen, dass das Kind eben »selbstständig« werden müsse. Denn in unserer Kultur gibt es mittlerweile eine geheime Norm, die besagt, dass alles, was zur »Individualisierung«, zur »Selbstständigkeit« führt, gut ist, und alles, was zur Passivität, Geborgenheit, Sicherheit, und überhaupt alles, was »zurück«-führt, von Übel. Dies widerspricht jedoch den Regeln der kindlichen Seele, es handelt sich bei genauerem Hinsehen um eine gefühlskalte Hobby-Psychologie, die jedoch im Trend liegt.

Kinder kommen mit so früher Trennung von Mama nicht klar. Entweder fangen sie an zu jammern und zu weinen oder sie entwickeln nun in ihrem »Verlassenheitsmut« eine dissoziale Tollkühnheit. Eine, in der sie sich selbst nicht mehr spüren. Mamas Abwendung treibt sie in die Welt »draußen« hinein, aber mit einer Dynamik, mit der sie nicht zurechtkommen. Gleichzeitig mit dem vorschnellen Schritt von Mama weg treibt es sie auch von sich selber weg. Sie verlieren sich in der Welt, sie kommt zu schnell, zu bedrohlich und zu früh. Sie wird deshalb zu Teilen widerstandslos aufgesogen, zu anderen Teilen ängstlich abgewehrt.

So entsteht eine Kindermentalität, die enorm verbreitet ist: zupackende, aggressive Kinder, die zugleich weinerlich und extrem ichbezogen sind. Sie haben jedes innere und äußere Maß verloren, zeitweise oder sogar für immer. Das »Toll machst du das«, das ständige »Super, super«, das unaufhörlich über Spielplätze hallt, ist ein Symptom moderner Bindungsarmut.

# Weggeschoben

Ein anderes Symptom kennzeichnet dieselbe Entwicklung. Wieder werden die Kinder von Mama weggestoßen und hinein in eine Welt, die sie noch gar nicht verstehen können. Ich spreche von den Kinderwagen, die man auf den Fußgängerzonen, den Bürgersteigen, den Parks und Zoos sehen kann. Die kleinen »Buggys«, die so gebaut sind, dass das Kind beim Ausfahren nicht auf Mama schaut, sondern von Mama abgewendet ist. Es guckt in die Welt.

Und – was ist daran falsch? Wieso soll das Kleine nicht die ganze Umwelt mit seinen Augen erfassen? Ich habe es schon an anderen Stellen dieses Buches erklärt und will es deshalb nur kurz noch einmal anführen: Diesen Kindern fehlt etwas Entscheidendes. »Welt« gibt es für ein ein- oder zweijähriges Kind gar nicht, es gibt nur eine Reihe von Einflüssen, Eindrücken beschwichtigender, freudiger oder ängstigender Art.

Sinnhaft und geordnet von alldem ist nur das, was über Mamas Gesicht, Mamas Augen, Schauen, Lächeln dem kindlichen Verstehen zugänglich wird. Schritt für Schritt. Das Starren in eine Umwelt, die jenseits von Mamas Gesicht nur ein turbulentes, wirres, vehementes und oft erschreckendes Durcheinander ist, macht immer Angst. Kinder können vor Angst ganz starr werden. Oder gleichgültig, wie die »ungebundenen« Kinder in den Experimenten der Bindungsforscher. Gelangweilt wirken sie oft, aber wenn man genau hinschaut, auch fahrig, nervös und reizbar – dies alles geschieht, wenn eine Welt in ihre Sinne stürzt, die keine emotionale und keine ihrer kleinen Vernunft angemessene Ordnung hat. Es passiert jeden Tag, ich weiß nicht, wie vielen hunderttausend Kindern. Mama schiebt von hinten den Kinderwagen, sie merkt nichts, spürt nichts. Ihre Intuition ist leer.

Früher war es so, dass die Kinderwagen auf allen Seiten geschlossen waren. Das Kind war Mama zugewendet, seine Augen ruhten auf Mamas Gesicht. Nur rechts und links vom mütterlichen Kopf von dem vertrauten Zentrum des Gesichts flossen andere »Informationen«, Licht und Schatten, Töne und gelegentlich ein anderes Gesicht in die kindliche Wahrnehmung. Mama schützte, Mama ordnete. Die zusätzlichen Eindrücke wurden über diese zentrale Ordnung des Mütterlichen aufgenommen, gesichert also, geschützt. Dies alles fällt bei den modernen Kinderwagen fort. Ungeschützt, ist das kindliche Wahrnehmen einer wirren, turbulenten und bunten sozialen Umwelt geöffnet, ich habe es eben skizziert. Dort »draußen« ist alles laut, oft sehr schnell, fast immer hektisch − das Kind nimmt es auf und verliert sich selbst dabei. Das kindliche Gehirn gerät in rasende Bewegung, die kein inneres Gleichgewicht findet.

Rundum ist nur Turbulenz. Ein Rumoren und Drehen ohne Sinn und Verstand. Und so sieht es auch in dem kleinen Kopf aus.

So entwickelt sich kein selbstbewusstes Ich. So entwickeln sich keine Vernunft und kognitive Stabilität. So entwickelt sich Chaos.

Die Mütter, ich sagte es, schauen auf den Hinterkopf ihres Kindes, als wären ihnen die Begegnung mit dem Gesicht ihres eigenen Kindes, die Berührung der Augen geradezu peinlich. Auf Fragen erklären manche Mütter, dass der Anblick ihres mütterlichen Gesichts dem Kind doch »langweilig« sein müsse.

Nein, nicht Lieblosigkeit ist es, was diese jungen (und oft gar nicht mehr so jungen) Frauen und Väter in diese Unempfindlichkeit hineintreibt. Es ist vielmehr Unsicherheit, auch darüber, wie bedeutsam das eigene Gesicht für »mein« Kind ist. Sie trauen sich so viel Bedeutung im Leben dieses kleinen Menschen gar nicht zu. Sie verzagen schon vor der Aufgabe der Erziehung – und es ist tatsächlich eine gewaltige Aufgabe –, bevor sie richtig begonnen hat.

# Wo keine Freude ist, kann keine Familie wachsen

Kleine Kinder gurren, gackern, kichern und quasseln den ganzen Tag. Alles Mögliche bringt sie zum Quietschen. Das ist kein Zufall. Das Gegacker und Gequietsche gehört zu ihrem seelischen – und, wie uns die Neurobiologen verraten: auch zu ihrem körperlichen – Reifen. Kinder ohne Freude werden krank. Mindestens seelisch! Also: Wer seinen Kindern allzu oft die Freude verdirbt, der kann so viel Erziehungsregeln beachten, wie er will, er macht alles falsch. Alles? Ja, alles! Eine kleine Geschichte zur Veranschaulichung.

Das Kind ist, sagen wir, 4 Jahre alt. Es hat sich im Eiscafé einen »Pinocchio-Becher« erquengelt, Papa hat nachgegeben (wie immer!) und den Becher bestellt, Mama ist leicht verstimmt.

Beide Elternteile haben ein wenig Recht. Papa damit, dass man es in der Erziehung mit den Prinzipien nicht allzu genau nehmen sollte. Und Mama damit, dass zu viel Zucker und Sahne der Kleinen nicht gut tun.

Welche Folgerungen sollten Sie nun daraus ziehen? Am besten: gar keine.

Denn nun tritt etwas ein, das alle pädagogischen und gesundheitspsychologischen und sonstigen Argumente außer Kraft setzen sollte. Tut es dies nicht, richtet es Schaden an. Ich spreche von der Freude des Kindes.

Der »Pinocchio-Becher« wird also aufgetragen, schön kitschig sieht er aus, mit fünf oder sechs knallfarbenen Bonbons

als Pinocchios Nase, Augen, Mund. Ein oder zwei Schoko-
hörnchen, die die Ohren darstellen sollen, und das Ganze
umkräuselt von einer Menge Sahne, dazwischen verlieren
sich zwei Kugeln Eis. Für ästhetisch geschulte Erwachsenen-
Augen kein Genuss, sondern eine schiere Qual. *Aber eine
4-Jährige hat keine geschulten Augen, sondern kindliche,
und die strahlen.*

Das Eis wird also auf den Tisch geschoben, unsere Kleine
hüpft und springt vor Freude, vielleicht klatscht sie sogar
in die Hände. In diesem Moment sagt Mama betrübt:»Also,
gesund ist das nicht!«

Die Freude des Kindes erlischt, sie sinkt buchstäblich in
sich zusammen. Man kann es sehen. Das Kind verzieht den
Mund, seine natürlich-kindliche Begabung zur Freude ist
tief gekränkt worden. Es ist nun wirklich gleichgültig, ob
Mama Recht hat oder nicht. *Angesichts der zerstörten Freude* hat sie einfach nur Unrecht.

Sie hat aber in einem weitaus wichtigeren Punkt Unrecht:
nämlich darin, dass ihre Intuition für ihr Kind so total versagt hat (und versagen konnte!). Hätte sie genügend Mitgefühl, wäre es ihr schier unmöglich gewesen, die sichtbare
ursprüngliche Freude ihres Kindes zu stören. Sie hätte es
einfach nicht übers Herz gebracht.

Ihr Versagen liegt nicht darin, dass sie an dem einen oder
anderen Punkt Recht oder Unrecht haben könnte, ihr Versagen liegt darin, dass sie es »übers Herz brachte«. In diesem
Moment tut sich ein gewaltiger Riss zwischen Mama und
dem Kind auf. Mama kann ihn gut ertragen, aber das Kind
nicht. Es verzieht den Mund, ihm ist jetzt nach Weinen zumute. Vor lauter Frustration schaufelt es mürrisch und wütend, sogar ein wenig gequält das Eis in sich hinein. Nichts
ist also gewonnen.

Aber das Schlimmste kommt noch. Die Kleine hält nämlich Mamas Missbilligung und ihre eigene Wut auf Mama

gar nicht aus. Zaghaft greift sie nach Mamas Arm, sie sucht jetzt deren Nähe. Und das macht die ganze Szenerie so verzweifelt. *Das Kind trennt sich innerlich von seiner Lust und Freude, seiner intuitiven Begabung zum spontanen Lebenshunger, es gibt dies alles auf, um Mama wieder nah zu sein.* Mama hat gesiegt, auf ganzer Linie.

Mama hat natürlich ein gutes Gewissen dabei. Sie hat ja alle Gesundheitsratgeber aller Zeitschriften und Bücher auf ihrer Seite. Zucker und Sahne, das kann doch nicht gesund sein! Sie haben ihr nur das Wichtigste nicht verraten: dass ohne Liebe alles nichts wert ist.

Ich schaue lange und traurig auf die Familie dort am Nebentisch. Mama lehnt sich zurück, sie seufzt. Die Gesundheit des Kindes geht ihr eben über alles. Sie hat ihre Prinzipien.

# Wenn Papa nach den Noten fragt – noch einmal zerstörte Freude

Ein anderes Beispiel, ebenso grauenhaft. Papa war vier oder fünf Tage fort. In dem Herzen seines kleinen Sohnes hat sich zuerst eine gewisse Enttäuschung eingenistet: dass Papa überhaupt so lange fortbleiben könne, das hat den kleinen 6-Jährigen doch sehr überrascht. Aber dann lernt er, sich mit seiner Enttäuschung einzurichten. Mama hat ihm klugerweise gesagt, dass Papa in vier Tagen wiederkommen werde. Sie hat es nicht nur gesagt, sondern gezeigt. Auf einem Kalender haben sie die Tage, die Papa noch fortbleiben wird, und das Datum, an dem er zurückkehrt, mit verschiedenen Farbstiften angekreuzt und eingekreist. Daraufhin war das Söhnchen zufrieden. Die Welt war ja wieder in Ordnung.

Denn Papa war zwar »fort«, würde aber bald wieder »da« sein. Mit 6 Jahren ist man vielleicht noch ein wenig zu klein, um die unendlich erscheinende Frist von vier Tagen abzumessen. Aber eine gut integrierte frühe Kindheit und das im Kapitel *»Guck mal, wer da ist«* beschriebene »Fort-Da«-Spiel haben ihn das Warten gelehrt. Er hält das aus.

Er wird durch die Verarbeitung seiner Enttäuschung sogar ein wenig reifer. In Papas Abwesenheit erstrahlt das innere Bild des Vaters umso glühender. Papa wird in der kleinen Psyche jetzt *idealisiert*. Der Papa, der nicht da ist, ist ein noch viel tollerer Papa als der, der abends regelmäßig nach Hause kam. Papa ist der Größte!

Diese Idealisierung schadet dem Kind nicht, sofern Papa rechtzeitig wieder heimkommt. Und das tut er ja. Fast pünktlich am vorgesehenen Abend kommt er zurück, ungeduldig und freudvoll von seinem Sohn erwartet. Unterstellen wir einmal (und hoffen), dass Mama diese Freude teilt. Strahlend und mit glühendem Eifer fegt der Kleine seinem Papa entgegen, seinen starken Armen. Papas Arme legen sich um das Kind, Papas Arme halten ihn, Papas Arme trösten. So soll es sein!

Und dann tritt der verhängnisvolle Fehler ein. Papa hat neben seiner ebenso tiefen Freude auch noch im Kopf, dass sein Kleiner seit einem halben Jahr zur Schule geht. Papa hat gelernt, dass nun auch die Zeit sei, dem Kind ein Bewusstsein seiner schulischen »Selbstverantwortung« beizubringen oder irgendetwas in dieser Art. Kurzum, Papa vermag die Freude des Kindes und seine eigene gar nicht richtig auszukosten, da beugt er sich schon zu dem Kind – liebevoll, so kommt es ihm vor, in Wahrheit aber nur gelenkt von opportunen Kräften, die in seinem Kopf plötzlich mächtig geworden sind – und fragt:»Was war denn in der Schule? Hast du alles gekonnt?«

Ein fragender Blick auf die Mutter unterstreicht seine Worte. Ist denn alles gut gelaufen? Man weiß ja, wie wichtig heutzutage die Schule ist!

Das sehr viel Wichtigere aber spielt sich nun direkt vor Papas Augen ab, leider sind seine Augen ganz blind, er sieht nichts. Er bekommt nicht mit, wie das Glück seines Sohnes erfriert.

Alles hätte Papa sagen und fragen dürfen, seine Freude wollte der Sohn spüren, die Verlässlichkeit des männlichen Körpers, die Zuwendung kurzum. Stattdessen erhält er prüfende, bewertende, also *distanzierte* Fragen. Sein Sohn sucht noch die trostreiche Sicherheit, auf die er so lange verzichten musste. Er hofft außerdem auf Papas Würdigung für seine

seelische Großtat, *weil er doch so geduldig gewartet hatte.*
Und nun dies, dieses Prüfende, Bewertende, Distanzierte in
Papas Frage ...
   Plötzlich gibt es keinen Trost mehr und auch keine Freu-
de. Alles wie ausgestrichen. Mit einer einzigen Frage aus der
Welt gewischt. Durchkreuzt, zerstört. Mama nickt heftig,
vielleicht spürt sie die Enttäuschung ihres Kindes, ja, bestätigt sie, in der Schule war alles in Ordnung. Ein toller Junge,
dein Sohn.
   Aber das hilft alles nicht mehr. Es ist nicht das, was der
Junge hören wollte und worauf er ein Anrecht hatte, es ist
jetzt auch schon zu spät.
   Was da vertan und vergeben wird, in einem einzigen
kleinen unbedachten oder auch gefühlsarmen Augenblick,
das hat so unendlich lang wirkende Folgen. Das glühende
Sehnsuchtsbild des Sohnes, die idealisierte Vater-Gestalt, ist
entwertet. Papas Ankunft hätte ein seelisches Fest sein sollen, aber seine Frage war die nach dem Alltag. Papas Wiederkommen ist kein Fest mehr. Eigentlich ist es gar nichts
Besonderes. Er ist halt wieder da.

03

# WENN DU SPRICHST, WIRD ES HELL

# Ein Kapitel über die Muttersprache

Wir alle sprechen sie, wie alle Menschen auf unserer Erde. Die Muttersprache ist wie die Mutterliebe ein universelles Phänomen. Es hängt nicht von der Kultur ab, nicht von der individuellen Haltung, nicht von der persönlichen Geschichte. Es existiert einfach, so wie Sonne und Mond, Tag und Nacht.

Seit Menschen begannen, Sprache zu bilden und sich über Laute zu verständigen, stand »Mama« am Anfang ihrer Verständigung. Mit ihr begann die Kultur der menschlichen Sprache, mit ihr beginnt sie bei jedem Neugeborenen, das das Licht der Welt erblickt, neu.

Die Muttersprache ist das A und O. Alle später gelernten Sprachen leiten sich von ihr ab. Die ersten Laute stößt das kleine Wesen schon wenige Sekunden nach der Geburt aus, kleine quakende oder klagende Laute. Wir haben ein Klischee im Kopf, das besagt, dass die Babys schreiend auf die Welt kommen. Das stimmt aber gar nicht. Meist verhalten sie sich still, manchmal müssen sie geradezu wachgerüttelt werden (oder Ärzte und Hebammen meinen, dass dies getan werden müsse). Ihr erster Blick in das Dasein ist meist ein wilder, verstörter, gezeichnet von der Mühe der Geburt.

Der erste Blick ist wie der erste Laut: staunend, erschrocken, klagend. So betritt ein Kind die Welt! Wenn alles gut verläuft und es in eine Kultur hineingeboren wird, die ihm freundlich gesonnen ist, dann wird es so schnell wie möglich an die Brust der Mutter gelegt. Mamas Wärme, Mamas

Haut, Mamas bergende Nähe: Das ist nach der Geburt die erste Berührung. Sein wirrer Blick findet an ihr seinen ersten Halt, seine Laute ihr erstes Gegenüber. So beginnt die Geschichte des kindlichen Urgefühls, aus dem später soziales Vertrauen und Selbstbewusstsein erwachsen. Erikson hat es wunderschön formuliert. Er schreibt: Die mütterliche Wärme und Zuwendung erzeugen in dem Kind das Gefühl,»dass es niemals ein Nicht-Ich sein wird«.

Danach kommen die vielen Minuten, Stunden, Tage und Wochen des gemeinsamen Reifens, ich habe es am Anfang des Buches beschrieben. Die Blicke werden inniger, sie antworten bewusster aufeinander. Babys Blick reagiert auf Mamas Schauen, und Mama spiegelt und moduliert den Blick des Kindes. Während das Kleine schaut,»spricht« es zwar noch keine verständliche Sprache, aber seine Laute werden immer artikulierter. Mama *versteht* sie von Anfang an. Deshalb sind sie immer zuerst an Mama gerichtet. Mama ist das Objekt, das diesen Lauten Kontur und Raum gibt. Mama ist die Bedingung dafür, dass aus den Lauten sinnhafte Sprache werden kann.

Mama antwortet. Ein Kleinkind, dem *jetzt* nicht einfühlsam geantwortet wird, das *kann* später im Kindergarten oder in der Schule auch nicht ver-antwortlich sein und handeln. Jede Mutter legt *jetzt* das Fundament des Sprechens, des Intellekts. Zugleich formt sie die Grundlagen für die soziale Kompetenz ihres Kindes. Jede Mutter − immer erneut, mit jedem Kind − schafft die Bedingung dafür, dass es menschliche Gemeinschaften, Kommunitäten, funktionierende Staatssysteme geben kann. Würden die Mütter versagen, gäbe es keine Kultur und keine Gemeinsamkeiten. Wenn die politischen Berater und die Sozialplaner das bloß einmal verstehen würden!

»Da da da … guh guh guh … tü tüt tü «, was Mütter über

den Kinderwagen gebeugt aussprechen und dabei die Augen ihres Kindes suchen, was Mütter wie einen Singsang vor sich hinmurmeln, wenn sie ihr Kind im Arm wiegen – das ist so etwas wie die Grundmelodie des sinnhaften Sprechens. Lange Zeit haben Väter (und manchmal sogar Entwicklungspsychologen) sich über das scheinbar sinnleere Geplapper mokiert. Sie hatten die Melodie der Sprache und des Erkennens überhaupt nicht verstanden. Sie hatten kein Ohr dafür. Sie vermuteten eine übergroße Nähe zum Kind und gar eine »Infantilisierung« der Mutter. Alles dummes Zeug. Die Mütter mit ihren Intuitionen hatten Recht. Diese Melodie nämlich formt das Sprechen des Kindes, das sich nun entwickeln will.

Baby nimmt die *antwortenden* Laute aus dem Mund der Mutter auf, während es unverwandt in ihre Augen blickt, Baby horcht und *lauscht* nun, während es selber Laute ausstößt. Die Antworten von Mama modulieren seine Sprache. Das dänische »Ö« wird aus dem Mund der dänischen Mutter empfangen und singt sich in das Sprachvermögen des Kindes ein. Das gerundete »A« der Bayern oder das sächsische »O« (mit dieser verwegenen Ausdehnung in den U-Laut) ebenso. Die unerhörte Tiefenwirkung dieser Vorgänge kann man sich dadurch verdeutlichen, dass dieses dänische Kind ein Leben lang das »Ö« so sprechen wird, wie es dieses jetzt angenommen hat. Selbst wenn es mit 12 oder 14 Jahren eine zweite Sprache so fließend wie die Muttersprache lernen sollte, wird gleichwohl sein »Ö« immer das »Dänen-Ö« bleiben, das »O« wird das sächselnde »O« (gesprochen: »oouuuu«) usw.

Die Sprache, die Welt nachbildet und in dem kleinen Köpfchen ordnet, bleibt auf immer an Mamas Sprachklang gebunden. Sie singt die Sprache und das Weltgefühl gleich mit. Ein anderes gibt es nicht.

Mamas Laut, Mamas Blicke, Mamas Haut und ihre Nähe,

Mamas Geruch und Mamas Stimme – so fängt es an. Weit im Hintergrund grummelt noch ein anderer Ton, meist ist er tiefer, dunkler. Männlicher eben. Ganz im Hintergrund murmelt Papa, sein dunkler Tonfall dringt neben und hinter Mamas Stimme auch schon in die Bewusstheit des Kleinkindes ein.

Später wird es auch seinem Papa mit derselben Intensität und Hingabe lauschen, wie es dies in den ersten Wochen bei Mama tat. Aber dann sind die wesentlichen Prägungen/ Markierungen bereits passiert, die elementaren Laute sind schon in den kleinen Geist eingeschrieben.

# Über Sprache und Sprechen, und was ein Kind alles ohne Förderung kann

Von der Entstehung der Sprache weiß die Wissenschaft, was sie immer weiß: nichts Genaues. Nur, dass das Sprechenlernen wichtig ist, das steht außer Zweifel. Dafür benötigen Eltern freilich keine wissenschaftlichen Untersuchungen. Sie wissen es selber. Nun werden aufgrund solcher Erkenntnisse zurzeit Sprachförderungen an allen Ecken und Enden angeboten, manchen Kindern werden sie aufgezwungen. Und die Eltern werden von solchem Förderboom nachhaltig verunsichert.

Ich bin skeptisch gegen den allgemeinen Förderdrang und -zwang. Ich selber gehöre zu den glücklichen Kindern, die ganz spät zu sprechen begannen, aber Gott sei Dank keinerlei »Sprachförderung« erhielten. Noch mit zwei Jahren sprach ich kein einziges artikuliertes Wort. Meine Mutter machte sich Sorgen. Sie wollte schon mit mir zum Arzt eilen, so wie es viele Mütter heute auch gern tun.

Da sie – wiederum wie viele Mütter! – keine Ahnung hatte, welcher Arzt für welches Problem zuständig war, wäre sie wohl mit mir zu einem HNO-Arzt getrottet. Der hätte über die Entstehung oder die Behinderung von Sprache ungefähr so viel gewusst wie ein durchschnittlicher Kinderpsychiater über Erziehungsprobleme. Also wenig bis gar nichts! Auch heute stehen junge Mütter mit erziehungsschwierigen Kindern auf den Wartelisten der Psychiater, er ist ja ein Arzt, er hat einen weißen Kittel, der muss es wissen! Und leider

kommen nicht wenige mit einer Medikamentenverschrei-
bung wieder heraus. Damit beginnt dann oft eine kindliche
Tragödie ganz eigener Art.

Dieses Schicksal blieb mir erspart. Mein Großvater, ein
kluger, besonnener und vernünftiger Schuhmacher in einem
ostwestfälischen Dorf erklärte die ganze mütterliche Sorge
für »Quatsch«. Der treffliche Mann hatte sich schon früher
positiv in meiner Entwicklung bemerkbar gemacht. Nämlich, als meine Mutter in ihrem Stolz die blonden Locken, die
sich Gottschalk-mäßig um mein frühkindliches Haupt rank-
ten, wachsen und wachsen ließ. Ich war, der Familiensaga
nach, geradezu umworben von den Dorfmädchen, die mich
im Kinderwagen über die stillen Dorfstraßen schoben und
ganz verzückt von dem vielen blonden Gelocke waren (»Der
Junge sieht ja aus wie ein Engel!«). Bis mein Großvater, Gott
habe ihn selig, einschritt und der Lockenpracht kurzerhand,
und ohne die Eltern zu fragen, ein Ende bereitete. An einem heißen Sommertag ließ er sie einfach abschneiden. Sein
Kommentar war ebenso knapp wie *zutreffend*: »Der Junge
schwitzt ja.«

Ich habe dieses Ereignis nicht in Erinnerung. Ich bin
aber sicher, dass meines Großvaters rigorose und souveräne
Geste mir bis heute eine grundsolide Abneigung gegen alle
geistige und körperliche Perfektionssucht eingeimpft hat.
Ich wünschte mir in meinen Elterngesprächen manchmal,
ich könnte ein wenig davon auf manche Mütter und Väter
übertragen.

Dieser gute Mann also griff wiederum gelassen und souverän in mein kleines Leben ein. In jenen Tagen galt das
Wort des Großvaters noch etwas, fast genauso viel wie das
Wort der Ärzte. Das hat sich heute geändert. In der modernen Familie hätte mein Großvater keine Chance mehr. Damals aber brachte Großvaters »Quatsch« betreffs meiner
vermeintlichen Sprachschwierigkeiten immerhin eine ge-

wisse Hemmung zutage, Mama zögerte, ob der Weg zum Arzt denn wirklich notwendig sei. Ich blieb also vor HNO-ärztlichem und anderem Expertenwissen verschont und sprach mit zwei Jahren, wie gesagt, immer noch kein einziges Wort.

Und dann, ein halbes Jahr später, hoppelte ich urplötzlich vergnügt durch die Küche und stieß irgendwelche Laute aus, die meinen armen Eltern völlig unartikuliert, mir selber aber höchst sinnvoll erschienen. Was war geschehen? Eine liebevolle, wohl ältere Nachbarin hatte mich in meinen Kinderwagen gepackt und sich an einem heißen Sommertag auf den langen, beschwerlichen Fußweg von unserem Dorf in die nächstgelegene Kleinstadt begeben. Vier Kilometer hin, vier zurück, immer an der endlosen Landstraße entlang. Ein Abenteuer für meine Sinne und meinen Verstand. Augen und Ohren sperrangelweit offen, so hockte ich in meinem Kinderwagen, während diese klug-gütige Dame sich unentwegt nach vorn beugte und dabei folgende Worte von sich gab:»Sag mal Tante Popp.« So nämlich hieß sie und sie hat sich mit ihrer Aktion unsterblich in das Buch unserer Familie eingetragen.

Am Abend nach diesen abenteuerlichen Ereignissen also hüpfte ich durch die Küche, müde und quietschvergnügt, und plapperte:»Ta Popp ... Ta Popp«, und wollte nicht aufhören. Abenteuer und Zuneigung hatten mein Herz geöffnet und meine Zunge gelockert. Tante Popp verfügte über all die kinderpsychologischen Weisheiten, die ich bei so vielen Praxen und Beratungsstellen vermisse. Anregung und Liebe, buntes Leben und Bindung – das ganze Geheimnis der Förderung!

Aus den mäßig begabten Anfängen entwickelte sich dann Sprache. Heute ist es so, dass ich auf meinen Vorträgen regelmäßig von den Veranstaltern gestoppt werden muss. Ich höre gar nicht auf zu plaudern, zu reden, zu quatschen.

Mir geht es dabei wie Wolf Biermann mit dem Singen: Man muss mich gewaltsam zur Ruhe bringen. Ich bin aber sicher, dass ich, wäre ich damals einem Kinderfacharzt für Audiologie oder sonst was in die Hände gefallen, heute über eine solide Sprachhemmung verfügen würde. Dies ist also einer der Gründe dafür, dass ich immer misstrauisch werde, wenn ich das Wort »Förderung« allzu voreilig benutzt höre.

## 1.

Wer sich der Welt mit vorbehaltloser und nicht eingeschüchterter Neugier zuwenden darf, der findet für sie auch eine reiche Sprache. Wer die Dinge noch einmal berühren, sich ihrer vergewissern darf, bevor er zu Mama zurückeilt, der findet auch Sprachlaute für diese Dinge und diese Sprachlaute werden immer differenzierter. Mit jedem Schritt der Verfeinerung wird die Sprache verinnerlicht, immer bewusster eingesetzt. Bewusstes Sprechen wiederum ist die allerwichtigste Grundlage für gutes Lesen und korrekte Rechtschreibung.

So schwer ist das alles doch gar nicht. Wenn man den Müttern nur klar machen könnte, dass nicht irgendwelche Förderprogramme ihren Kindern helfen, sondern das liebevolle Verweilen, wenn sich das Kleine auf ein springendes Wasser, ein abseits liegendes Blatt, kurzum, auf die faszinierenden Dinge der Welt hinbewegt.

Dann der lockende Ruf, der eigene Name, der gemeinsam mit Mamas Stimme unendlich vertraut klingt – auch dies ermutigt ein Kind, seine eigene Stimme zur Geltung zu bringen. Schauen Sie nur einmal genau hin, ganz oft folgt auf Mamas Rufen folgende Reaktion: Das Kind zeigt auf einen Gegenstand, der seine Neugier entfacht hatte, und nennt ihn ebenfalls beim Namen. Dann blickt es zu Mama zurück und verabschiedet sich von dem faszinierenden Objekt. Es gibt ganz offenkundig einen innigen Zusammenhang zwischen Mamas liebevollen Rufen, dem Klang des Kindernamens und der Ermutigung, die Sprache an die faszinierende Sache weiterzugeben.

So ermutigt man Sprache, so lernt ein Kind, die Dinge in sich aufzunehmen und mittels Sprache zu verankern. So wird die Welt vertraut, weil die Sprache geformt wird. Und so wird die Sprache vertraut, weil man so viele spannende und lustige Dinge benennen kann.

## 2.

Das Sprachvermögen – es ist ein wirkliches »Vermögen« – ist ein Schatz, der im Verstand und in der Seele des Kindes verankert wird. Dieser Schatz beherbergt den Intellekt des Kindes, seine Emotionen und er beherbergt auch die liebevolle Erinnerung an das Mütterliche, ein Leben lang.

Sprache erschließt Welt. Das ist das Erste. Der Stuhl, der mit – noch ungekonnten – Lauten benannt und bei der nächsten Begegnung *anhand derselben Laute wieder identifiziert* wird, prägt sich ein. Er wird gespeichert. Er bleibt jetzt *anders* im Gedächtnis. Neben den realen Stuhl tritt mithilfe der Sprache der Gedanke »Stuhl«, oder besser gesagt: das Vorstellungsbild vom Stuhl. Er wird nun nicht nur körperlich, sondern gedanklich erfasst.

Und damit macht unser Kind nun die Erfahrung, dass es sich eine Sache mithilfe der Sprachlaute vergegenwärtigen kann, obwohl sie ihm real gar nicht vor Augen steht. Die Welt ist mal »fort« und mal »da«. Aber existieren tut sie immer. Es gibt, erfährt ein Kind mithilfe der Sprache, eine Welt der Objekte, die *unabhängig von mir existent ist.* Unser Kleines, noch sehr wackelig auf seinen eigenständigen

Beinen, beginnt etwas von der Unabsehbarkeit der Welt zu ahnen. Und das erschreckt es nachhaltig.

Wie verwirrend das alles ist. Die Vernunft macht jetzt einen gewaltigen Sprung, sozusagen einen Hopser ins Nichts. Mal sind die Dinge der Welt real, das sind sie aber auch dann noch, wenn sie versteckt sind und wenn man sie gar nicht sieht. Dann kann man sie sich allerdings mithilfe der Sprachlaute ins Gedächtnis »rufen«, innere Bilder von den Dingen erzeugen. Sie sind also »fort« und »da«, auf höchst komplizierte Art und Weise.

3.

Aber auch die Dinge, die einem Kind ganz real vor Augen stehen, werden durch die körperliche und allgemein-geistige Entwicklung, und auch durch die Sprache immer komplizierter. Sie, die vielen Dinge um das Kind herum, treten nämlich zueinander in Verbindung. Sie sind nicht nur für sich da, sondern auch im Zusammenhang mit den anderen Dingen, sie bilden Gruppen und Zugehörigkeiten (»ein Stuhl ist ein Möbel und ein Tisch ist es auch, die Großtante hingegen ist kein Möbel«), wiederum andere Dinge gehören nicht unbedingt zusammen, können aber durch Tätigkeiten von Mama oder Papa und teilweise auch schon durch die Aktivitäten des Kindes miteinander in Verbindung gebracht werden. Zum Beispiel lässt sich aus einem Stuhl (»Möbel«) und einer Kaffeekanne (»kein Möbel«) und Mamas Kosmetikfläschchen vom Badezimmerfenster (»in keinster Weise Möbel«) – wenn man alles richtig zueinander stellt – eine Burg bauen, in der man sich gegen Feinde und Großtanten zur Wehr setzen kann. Um nur ein Beispiel zu nennen.

Das alles ist erschreckend und befremdlich, aber oft auch lustig. Die kleine Seele ist in diesen abenteuerlichen

Monaten hin- und hergerissen zwischen Faszination und Wagemut und massiver Ängstlichkeit. Ein Ball etwa rollt gegen einen Stuhl oder knallt, heftig geschleudert, auf den Tisch, wo er nicht hingehört. Der Stuhl wiederum gehört zum Tisch, weil man beides beim Essen benötigt. Gabel und Messer gehören in bestimmte Schubladen, aber manchmal auch auf den Tisch. Kurzum, durch seine Tätigkeiten entdeckt das Kind immer neue Seiten und Funktionen, Facetten der Dingwelt, und durch die Sprache eröffnet sich ihm eine zusätzliche Verstehensebene. Mithilfe seines zunehmenden Verstehens ordnet es die Dinge auch im Raum, die Tätigkeiten – der Ball, der kullert, der Stuhl, der fällt – geschehen im Raum. Der Stuhl steht neben dem Tisch in der Ecke, der Ball kullert durch den ganzen Raum. Anhand des Raumverständnisses beginnt das Kind, auch den eigenen Körper im Raum zu positionieren. Auch dies ist Teil eines guten Selbst-Bewusstseins.

4.

Ich will die Auflistung der komplizierten Vorgänge damit auf sich beruhen lassen. Nur zwei Punkte sollten wir uns noch vor Augen führen, sie sind sehr wichtig:

Die Sprache wächst, das Denken in Zusammenhängen wächst, aber dabei fühlt sich unser Kind immer hilfloser. Es hat seine Allmacht verloren, sein Zentrum. Jeder Entwicklungsschritt seiner Vernunft und jedes neue Wort verraten ihm, dass eine unermessliche Strecke von fremden Dingen und Zusammenhängen vor ihm liegt. Es ist selber nur ein Teil von allem, ein Objekt neben anderen, ein Körper neben anderen. Am liebsten würde es alle fünf Minuten zu Mama zurückrennen und seinen Kopf tief in ihrem Schoß bergen. Am allerliebsten kröche es manchmal in Mamas Bauch zurück.

Tausend Ängste tauchen auf. Aber Gott sei Dank, wenn man sie ausspricht, sind sie schon halb besänftigt. Und wenn Mamas Stimme freundlich spricht, dann sind sie fast ganz verschwunden. Ihre sanfte Stimme beschwichtigt die dunkle Macht der Wörter. Sprich mit mir, rief das ängstliche Kind aus dem Schlafzimmer seiner Mutter zu. Wenn du sprichst, wird es *hell*! Diese kleine Beobachtung hat Freud berichtet. Papas Stimme gewinnt jetzt auch ganz eigene Kraft. Schon der Stimmklang, wenn er dies oder jenes erklärt, beruhigt ungemein. Papa verkörpert alle Ordnungen der Welt. Was er *erklärt* hat, birgt kein fürchterliches Geheimnis mehr. Dann hat eben alles »seine Ordnung«. Das Kind beginnt jetzt, Ordnungen zu schätzen. Einerseits *liebt* es seine Fantasien (auch die Märchen, sogar die grausamen). Andererseits entgleiten ihm seine inneren Bilder oft. Dann muss Papa wieder alles genau erklären und Mama mit ganz lieber Stimme auch noch einmal.

## 5.

Aber die Sprache macht ein Kind auch reich. Es kämpft ja immer noch mit der Einsicht, dass es nicht mehr der »Alles-Verfüger« ist. Nicht mehr eingebettet in eine symbiotische Welt, die ihm zur Verfügung steht. Ja, ja, der infantile Allmachtstraum ist geplatzt. Aber nicht ganz! Mithilfe der Sprache kann unser Kind ein wenig davon wieder wachrufen. Ich will das kurz erläutern: Es gibt eine Welt, die »da« ist, und es gibt eine Welt, die »fort« ist. Mit der realen »Da«-Welt kann man mehr oder minder geschickt umgehen, man lernt zunehmend Körperbeherrschung, Geschicklichkeit und dergleichen mehr. Aber mit der Welt, die »fort« ist, kann man *auch* umgehen, nämlich in seinem Kopf. Der Kopf ist voller Vorstellungen, das Sprechen und Plappern ruft sie wach. Nun entdeckt das Kind, dass man mit diesen Kopf-Bildern frei herumspielen kann. Die *inneren* Sprachbilder können Träume artikulieren. Tagträume! Was man alles sein könnte und ist. Wie man geschickt und clever alles in seiner Gewalt hat, überhaupt der Größte und Stärkste unter der Sonne ist. Träume und Sprache zusammen – das hat eine enorme seelische Kraft. Das Kind ist dann fast wieder der Alleskönner. Fast wieder allmächtig.

Und ein allerletzter Punkt: Wenn unser Kind merkt, dass es mit seinen Ich-Idealen doch nicht so weit her ist, dass es nicht der »Alleskönner« ist, als den es sich fantasiert, verlegt es sich auf einen schlauen Ausweg. Es fantasiert seine Allmacht in die allernächste Zukunft. Jetzt kann es vielleicht noch nicht schneller laufen als ein Hund und schöner malen als Georg, der achtjährige Nachbarjunge. Aber mithilfe seiner Sprachfantasie kann es sich diesen Zustand schon sehr lebhaft vorstellen. So klar und deutlich stehen die Wortbilder vor seinen Augen, dass es eigentlich nicht mehr lange dauern kann, bis es so weit ist. Morgen vielleicht bin ich ein toller Ballspieler, morgen kann ich auch lesen oder schreiben oder Auto fahren.

Mit anderen Worten: Über die Bedeutungsinhalte der Sprache entfaltet ein Kind nun auch ein Verständnis von *Zeit*. »Bald bin ich ein Schulkind – *mehr bald* ein Pilot!« Ein Baby bin ich jedenfalls nicht mehr, ich kann ja schon laufen und sprechen! Aus Wörtern, Erfahrung und Fantasie entfalten sich nun auch noch die Zeitformen. Wurde vorher schon zwischen Sachen und dem »Tun« der Sachen unterschieden, so erhält das Tun jetzt eine Zeitdimension. Syntax bildet sich. *Und alles hat mit erwartungsfroher Hoffnung zu tun.* »Wenn ich einmal groß bin ...!«

# 6.

Gewiss, Fantasien und Vorstellungen können auch ängstigen, sie rasen wirr und turbulent durch den kleinen Kopf und nehmen manchmal arg bedrohliche Züge an. Auch da hilft die Sprache. Sie bannt die Fantasien und die bedrängenden Bilder und macht sie dem kindlichen Sprachwillen und seinem Sprachgefühl untertan. Ich vermute, dass diese Bannung der Ängste – das Greifbarmachen der umherschweifenden Ängste mittels Benennung – zu den wichtigsten Aufgabe von Sprache gehört. Der amerikanische Sprachforscher und Philosoph Chomsky nahm sogar an, sie sei überhaupt aus den Ängsten entstanden. Sprache macht die Ängste dingfest.

# 7.

Sprache hat also eine ganze Reihe von Bedeutungen für die kindliche Entwicklung. Wenn wir einmal versuchen, sie ein wenig geordnet hintereinander zu reihen, kommen wir auf folgende Punkte:

a) Sprache identifiziert und bestimmt die Dinge, sie ordnet. Zugleich erweitert sie das Verstehen um Zusammenhänge und Tätigkeiten. Und damit baut sich ein inneres Raumverständnis auf, das wiederum mit dem eigenen Körper und der körperlichen Geschicklichkeit zu tun hat. Alles gehört zusammen und darf nicht getrennt werden.
b) Sprache fixiert Vorstellungsbilder. Sprache schafft einen ganz eigenen Bedeutungsraum, der sowohl realistische wie fantasiereiche Züge annehmen kann.
c) Sprache bannt Ängste.

Alles hängt zusammen – sagte ich eben. Unkompliziert ist das nicht! Aber eines kann man festhalten: Ob es um den Bedeutungshof geht, den die Sprache zieht, um Ängste, die sie bannt, und Fantasien, die sie in Gang setzt – immer steht die strahlende Gestalt von Mama im Zentrum dieses kleinen Verstandes, der sich da müht und rackert. Sie ist der Bezugspunkt von Intelligenz und Gefühl. Sie macht alles »hell«. Verdunkelt sich ihr Bild, dann wird die Sprache gehemmt und die Angst nimmt überhand.

Man kann es auch so sagen: Am Anfang und am Ende von allem stehen die mütterliche und väterliche Liebe. Ist sie zu schwach, dann leuchten die Dinge nicht, dann lebt die Sprache nicht, dann werden die Kindervernunft und die Kinderfantasie in ihrem ersten Höhenflug gestoppt und stürzen ab. So ist das!

04

# MÜTTER UND VÄTER SIND VERSCHIEDEN

# Was Mama kann, kann Papa nicht, und umgekehrt

Die Aufgaben von Papa und Mama sind jetzt, nach einigen Monaten, genau aufgeteilt: Mama ist zuständig für Trost und Bindung, für diese einzigartige Qualität der frühkindlichen Phase, Papa hat eine andere Aufgabe. Papa soll diese neue, befremdliche und manchmal ängstigende Welt ordnen und sichern. Diese Aufgabenteilung lässt sich nur in Grenzen neu verteilen. Papas Statur gibt dem Kind – dem kleinen Jungen in besonderer Weise – eine Art körperliche Sicherheit, dass diese vielen kantigen und manchmal schmerzlichen Dinge tatsächlich bewältigt werden können.

Der kleine Junge identifiziert sich mit Papas Statur. In seiner Fantasie ist er selber manchmal ein »Papa«, und dann ist er mächtig und groß, der Beherrscher und Verfüger über die ganze Welt. Schmerzlich erkennt er wenige Augenblicke später, wenn er die Schranktür doch wieder nicht richtig aufziehen kann, dass dieses »Groß-Sein« nicht recht funktionieren will. Dann werden die Größenvorstellungen von außen ins »Innen« verlegt, sie werden zu »inneren Bildern«. Die Psychoanalyse spricht von einem Ich-Ideal.

Und nun passiert wieder etwas höchst Komplexes in der kleinen Seele. Sofern dieses Ich-Ideal nämlich (also das »innere Bild«) mit dem konkreten Papa auch nur *einigermaßen* identifiziert werden kann, verinnerlicht das Kind Papas Vorbild. Und zwar sowohl, was seine körperliche Stärke ausmacht, wie auch – viel wichtiger – Papas unwillkürliche, seinerseits »verinnerlichte« Verhaltensweisen, ja, sogar seine Weltsicht, seine Moral, seine unbefragten Normvorstellungen.

Papas Verhalten, seine Werte, seine Verbote und Ermutigungen werden jetzt also nicht nur abgeschaut und nachgemacht, nein, sie werden vielmehr in die innigsten Gewissheiten der kindlichen Seele eingebaut. Was Mama in den ersten Lebensmonaten für den Aufbau der kindlichen Psyche bedeutet, das wird jetzt in Teilen von Papa übernommen. Dieselbe Tiefenwirkung! Papa ist mehr als Vorbild, er ist Fundament der moralischen Gefühle, des Gewissens, des Selbstbewusstseins.

Wir merken schon, dass Papa, um diese Bedeutung im kindlichen Leben anzunehmen, ein »starker Mann« sein muss. Nicht nur körperlich stark, seelisch vor allem.

Ein schwacher Papa nämlich, den ein kleiner Junge beispielsweise beschimpfen kann und der dann nicht weiß, wie er reagieren soll, der wird nicht »verinnerlicht«. Auch ein Papa, der sich von seiner Umgebung, von Tanten oder Nachbarn oder sonst wem Vorschriften machen lässt, ist für seinen Sohn eine bittere Enttäuschung.

Ein Vater, der sein Kind vor Gefahren nicht beschützt – der, wenn etwa auf dem Fußweg ein Radraser haarscharf an ihnen vorbeischrammt, nur erschrickt und dann stumm bleibt –, das ist nicht der Vater, den das Kind jetzt will und den es so dringend benötigt.

Mit dem kann man sich nicht identifizieren. An dem findet das Kind keinen Halt in dieser entgrenzten Welt. Keinen Halt in seiner Wahrnehmungsordnung und auch nicht in seiner beginnenden moralischen Ordnung, die zugleich mit dem Sprechenlernen einsetzt.

Vielen modernen Kindern fehlt ein »Papa« in diesem Sinn. Vielleicht ist ihr Papa sogar oft zu Hause, hat »Zeit für sein Kind«, wie es in der Werbung von Regierungsbehörden heißt – aber das ist noch lange keine Garantie dafür, dass er väterlich ist.

Ich komme noch einmal auf das Beschützen zurück, weil es so wichtig ist.

Ich nehme als Beispiel die Radraser, die jeden Sommer auf der Fußgängerzone, die direkt vor unserer Haustür vorbeiführt, ein Kind oder mehrere Kinder verletzen. Jedes Kind, sagte ich, erwartet Schutz. Es geht vertrauensvoll davon aus, dass Papa es immer und zu jeder Zeit vor allen Gefahren bewahren kann. Wenn Papa in diesem Punkt versagt, ist die Enttäuschung abgründig. Nun beobachte ich täglich, wie auf dieser breit angelegten, schönen Fußgängerzone (verbotenerweise) Radfahrer haarscharf an den Kleinen, die auf wackeligen Beinen ihre ersten Schritte erproben, vorbeihetzen. Mama schreit auf, das Kind erschrickt, manche beginnen zu weinen, und Papa? Der zieht meist die Schultern hoch und traut sich nicht, den Mund aufzumachen. Jeden Tag kann ich es mir anschauen!

Welch eine rabiate Enttäuschung jedes Mal für ein Kind! Ob es dies bewusst oder nur intuitiv spürt – ganz egal. Papa hat seine Schwäche verraten. Papa hat insgeheim seine Lieblosigkeit preisgegeben. Papa tritt nicht ein für sein Kind. Er traut sich nicht. Papa hat Angst.

Was gelten seine Überzeugungen jetzt noch, an denen ein Kind sich genauso orientieren will wie etwa an seiner handwerklichen Geschicklichkeit? Was Papa für richtig und was er für falsch hält – was bedeutet das denn? Er stellt es ja selbst beim geringsten Anlass zur Disposition.

Und wie lange währen solche Enttäuschungen?

Bewusst vielleicht gar nicht sehr lange. Aber wenn sie scheinbar vergessen sind – wohin sind sie dann gewandert? Wo in der kindlichen Erinnerung sind sie abgelegt und was bewirken sie?

Viele Väter machen sich dies alles nicht ausreichend bewusst. Sie geben sich ungeheuer viel Mühe bei Sachen, die gar nicht so wichtig sind. Sie versuchen ihre Kinder zu umwerben, sausen mehr oder minder unbeholfen auf Inlinern gemeinsam mit den Söhnen über die Pflaster, geben sich cool auf dem neuesten Sportfahrrad und machen sich dabei oft nur lächerlich. Viele nehmen sich natürlich auf vernünftigere Weise Zeit für ihre Kinder, und das ist gut so. Aber viel entscheidender ist es, welches Verhalten sie zeigen, wenn es darauf ankommt. In den kleinen Krisenmomenten, die es jeden Tag gibt.

Alltagskrisen – es gibt unzählige. Töchterchen weint, weil ihre beste Freundin sich einem anderen Kind zugewendet hat, jetzt ist Papa aber dringend gefordert. Sein Arm muss verlässlich, seine Stimme unerschütterlich (und um Gotteswillen nicht unsicher vor lauter Mitleid) sein, wenn er der Kleinen versichert, dass sie das liebenswerteste Geschöpf ist, das je auf der Erde herumwanderte. Söhnchen mault und ist in Wahrheit tief traurig, weil sein Tischnachbar in der Schule eine »zwei«, er selber eine »drei« im Diktat bekommen hat – dabei quatscht der Nachbar mindestens so viel wie Söhnchen, wenn nicht mehr! Papa muss nun den Inbegriff von Zukunftsgewissheit verkörpern (»Du schaffst das schon!«), ganz nebenbei auf die Notwendigkeit von Disziplin hinweisen (»Aufpassen!«) und beides glaubwürdig an den Sohn weitergeben.

Und so weiter und so weiter. Das Bankkonto ist leer geräumt, weil irgendeine Hypothek oder sonst was fällig war. Papa darf jetzt bloß nicht deprimiert herumhängen, obwohl ihm genau danach zumute wäre. Die Kinder schauen genau hin. Bewusst, unbewusst. Ihr Blick ist unerbittlich und wittert jede väterliche Unsicherheit. Sie mögen Unsicherheit bei Papa nicht. Sie können sie auf den Tod nicht ausstehen.

Ich wünschte mir manchmal Werbeaktionen – von Regierungen und sonst wem –, auf denen nicht immer am Rande der Klischees dasselbe gefordert würde, sondern das, worauf es den Kindern ankommt. Zum Beispiel Plakate mit dem Satz: »Halt stand, Papa.« Sei kräftig, wenn dein Sohn die Rechtschreibung nicht schafft oder im Kindergarten zum Außenseiter wird, du musst der an seiner Seite sein, der ihm wieder auf die Beine hilft. Halt aber auch stand, wenn dein Chef dir versteckt und gemein wieder einmal vorwirft, dass so ein Familienvater in die dynamisch-globale Wirtschaftswelt nicht recht reinpasst. Und standhalten musst du auch, wenn alberne Rowdys auf den Straßen über mögliche minimale Behinderungen eines Kindes laut und bekloppt herziehen. Sei ein Gegenbild. So viele hat dein Kind nicht.

Tausend Beispiele und mehr gibt es. Nur der prüfende und eindringliche Blick des Kindes, der ist immer derselbe.

# Der gute Vater (1)
## Die alten und die neuen Väter

Ach, die Väter! 20 Jahre und länger ist ihnen gesagt worden, wie sie »richtig« zu sein haben. Was ein guter Vater ist, wurde in der pädagogischen Literatur und in zahllosen Zeitschriftenartikeln genau ausbuchstabiert. Leider ändern sich diese Ratschläge fortwährend. Vor 20 Jahren war der gute Papa vor allem der Hausmann, der Bewunderer von Frauenpower. Diese Mode hat sich lange gehalten. Sie hat sich buchstäblich in die Gehirne vieler junger Männer eingefressen, das Selbstbild vieler Frauen wurde auch davon geprägt. Geholfen hat es beiden nicht. Erst recht nicht den Kindern.

In diesem Vaterbild spiegelt sich auf umgekehrte Weise eine sehr alte deutsch-autoritäre Tradition. Sie scheint immer noch in dem »kollektiven Unbewussten« zu hocken wie ein bedrohliches Monster. Während französische Lehrer und Väter (ebenso wie englische oder spanische) von ihren Kindern Respekt erwarten und die natürliche Autorität eines Vaters oder Lehrers wie selbstverständlich ins Spiel bringen, schrecken deutsche Eltern allein vor dem Wort zurück. Die meisten Lehrer sind froh, wenn sie ihre Schüler zur Befolgung der simpelsten Regel veranlassen können. Von Respekt ist schon längst nicht mehr die Rede.

In den Vorstellungen vieler Pädagogen und vieler Eltern ist Väterlichkeit nur so etwas wie ein Hilfsdienst für die Mutter. Sozusagen eine Verlängerung oder Ergänzung der Mütterlichkeit, *aber nicht etwas prinzipiell anderes.* Die Betonung von Männlichkeit wird sofort mit Misstrauen bestraft, manchmal getadelt.

Dabei zeigen vor allem die kleinen Jungen an allen Ecken und Enden, dass sie starke Väter wollen. Sie wissen ein kräftiges Wort gelegentlich und einen etwas derben Umgang beim Fußballspiel oder bei irgendwelchen handwerklichen Tätigkeiten sehr zu schätzen. Sie blühen förmlich auf. Doch in der gesamten pädagogischen Landschaft hat sich eine weiche, konturlose Atmosphäre durchgesetzt, sie senkt sich wie Mehltau auf die Kindergärten, die Schulen und sogar die Familien.

Zu viel Männlichkeit stößt sofort auf Missbilligung. Wie kann man so grob sein, wie kann man so laut sein, wie kann man so herrisch sein? Wir wollen unseren Kindern keine Befehle erteilen, sondern höfliche Bitten an sie richten.

Im Grunde sind es ganz sympathische Prinzipien, die da laut werden. Ich befürchte nur, dass dabei immer eine Art diffuser Ängstlichkeit mitschwingt. Und die Kinder spüren das. Sie mögen es nicht.

Kinder brauchen stabile Identifikationen, an denen sie sich aufrichten, an denen sie seelisch teilhaben können. Sie brauchen ein konturiertes Gegenüber, an dem sie sich reiben und ihre kleinen Kräfte erproben können. Gewiss ist eine selbstgefällige Männlichkeitsattitüde ziemlich unerträglich, zumal dann, wenn sie sich gegen schwache Kinder richtet. Aber die weiche und formlose Nachgiebigkeit, die man so oft bei Vätern beobachten kann, ist fast genauso schlimm.

Den abenteuerlustigen Seelen der kleinen Jungen und Mädchen jedenfalls kommt sie nicht entgegen. Deren Lust an Konfrontation, Auseinandersetzung und gelegentlichem Streit (inklusive der nachfolgenden Versöhnung) läuft ins Leere.

Wenn sie in ihrer Familie und in den Schulen keine konkreten personalen Vorbilder finden, dann orientieren sie sich eben an Medienbildern. Dort, im Kino, in den Comics, den Trickfilmen im TV usw. tauchen alle maskulinen Omnipotenzfantasien dann wieder auf, ganz ungehemmt. Männlichkeit, aber ins Übermenschliche verzerrt. Die omnipotenten Männer, die fantastischen Gewaltgestalten, die Bestrafer. Dort werden sie bestaunt, bewundert. Die Kinder können sich gar nicht satt sehen.

Die Kinder holen sich vor den Monitoren und Leinwänden, was ihnen im Realen vorenthalten bleibt. Ja, die Bilder der modernen Medienkultur mit ihren gewalttätigen fantastischen Figuren spiegeln auch das Versagen der Väter. Die haben nur die eine Seite der kindlichen Seele, das Versöhnende, das Fließende, das Harmonische berührt, eine andere Seite blieb leer.

Was erwarten Jungen und die Mädchen von ihren Vätern? Eigentlich erwarten sie mit sechs oder zehn oder vierzehn Jahren immer noch, was sie auch schon mit zweieinhalb oder drei Jahren erwartet hatten. Die Struktur der Kindersehnsucht wird früh geprägt, danach ändert sie sich nicht mehr viel.

In den vorausgehenden Kapiteln ist hoffentlich deutlich geworden, wie widersprüchlich, ja zerrissen die seelische Lage eines 2- oder 2 $\frac{1}{2}$-jährigen Kindes ist. Es bewegt sich von Mama weg und will doch immer zurück. Es will die Welt erobern und am liebsten gleich sicher beherrschen – und stolpert dabei über die eigenen Füße. Es lernt mühsam zu sprechen und lernt zugleich, die Dinge der Welt zu unterscheiden und zu ordnen, zu gliedern.

Sprache schafft Struktur, Sprache schafft Ordnung. Sprache schafft Vernunft. Aber dann wiederum will so ein Kind gar nicht so viel Vernunft und möchte viel lieber zurück in die halluzinative Wirklichkeit in der mütterlichen Symbiose.

Zum Teil macht es deshalb die Sprache selber zu einem fantastischen Gegenstand. Es spielt mit Sprache, wirbelt die Dinge der Welt und seine inneren Vorstellungsbilder mithilfe von Sprachlauten wild durcheinander. Dabei vergessen manche Kinder beinahe wieder, dass sie die Sprache schon weitgehend gelernt und beherrscht hatten. Plötzlich gehen die Worte und Wortbedeutungen in dem kleinen Kopf wild durcheinander. Nicht wenige beginnen zu stottern. Ihre Sprache stolpert. Was ist passiert? Sie haben vor lauter Sehnsucht zurück zu Mama den Realitätsbezug wieder aufgegeben. Die Sprache spiegelt Wirklichkeit, aber unser überfordertes Kleines will diese Wirklichkeit jetzt nicht. Es will wieder allmächtig sein, geborgen und versorgt, passiv und umhüllt. Worte sind wie Scheidelinien. Worte sind Ordnung. Alles aber war ihm jetzt zu viel geworden, unser Kind beginnt wieder zu stammeln und zu stottern. Manche sprechen es mit ihren ungelenken Worten sogar deutlich aus. Sie wollen zurück in Mamas Bauch.

Der ganze Kindermut ist wie weggewischt. Plötzlich wirken sie ebenso ängstlich, wie sie wenige Wochen vorher draufgängerisch, abenteuerlustig und neugierig erschienen. Die Welt ist »zu viel«. Aber einfach nur zurück zu Mama wollen sie auf Dauer auch wieder nicht. Passiv und still sein – das wird ihnen auch wieder langweilig. Es ist ein riesiges Durcheinander in dem kleinen Kopf. Alles ist so zerrupft und zerrissen.

In dieser Phase ist Papa not-wendig. *Aber ein Papa muss ein Papa sein, keine Ersatzmama.* Ersatzmamas helfen jetzt nicht, das liegt ja wohl auf der Hand. Sie verstärken nur die Sehnsucht ins Symbiotische und damit die inneren Diskrepanzen.

»Mütterliche« Väter, die am liebsten den ganzen Tag kuscheln, die weich sind und ihrer Stimme einen so warmen, einfühlsamen Tonfall zu verleihen versuchen, die mögen sympathisch wirken. Aber über weite Strecken verfehlen sie das Kind. Das be-nötigt jetzt mehr als Harmonie, nämlich Halt. Halt und Ordnung. Äußere Ordnung, innere Ordnung. Das Kind ist ja dabei, mit seiner Sprache und mit seiner zunehmenden Kompetenz im Umgang mit den Dingen Ordnung zu erproben. Und zwar Wahrnehmungsordnungen, Ordnungen der Sinne, damit zugleich aber auch Ordnung *in sich selber*. Das gelingt ihm noch nicht ganz, da muss Papa eingreifen. Papa soll helfen, Papa soll vollenden, was der oder die Kleine noch nicht vermag.

Papa soll damit ein *Ich-Ideal* sein. Das ist viel mehr als ein gutmütiges und vernünftiges Vorbild. Das ist ein Sehnsuchtsbild. Unser Kind fantasiert eine innere Kraft in seinen Papa hinein, die von Papa auf das Kind übergeht und wieder zurück. Diese Papafantasien haben etwas Magisches. Sie sind heftig, karg und derb. Mit Weichheit und Einfühlung allein kommt Papa nicht weit. Da kann es ihm passieren, dass er mit seiner freundlichen Schwäche den Sohn bitter enttäuscht.

Papa muss sich gerade jetzt von Mama – beziehungsweise der kindlichen Mamaerfahrung – unterscheiden. *Unterscheidungen* sind wichtig. Sie dürfen nicht verwischt werden. Dies ist die Crux der »weichen oder mütterlichen Väter«: Sie betonen die Unterschiede nicht deutlich genug. Mit Papa spielen, das muss jetzt etwas ganz anderes sein als das weiche Geborgensein an Mamas Brust. Mit Papa Bauklötze stapeln und umschmeißen, mit Papa dröhnend lachen oder den Ball treten – all das ist immer gleichzeitig Entfernung vom Mütterlichen. Erholsame Entfernung. Ein Kind kann sich seelisch ausruhen dabei.

Umso freier kann es nach solchem Spiel zu Mama zurückeilen, die Mamagefühle haben dann ja ein ausreichendes Gegengewicht gefunden. Die Rückkehr ist nicht mehr bedrohlich, sie wirkt – psychologisch gesprochen – nicht »regressiv«. Auf dem Hintergrund des Männlichen ist der Zugang zu Mama wieder gefahrlos und frei.

Wenn ein Kind mit aller Macht seinen Ball gegen eine Wand pfeffert und dabei zufrieden Papas dunkles Lachen vernimmt, dann fühlt es sich wie erlöst. Erlöst deshalb, weil es seine eigenen Körperkräfte in Papas Mannkörper gleichsam vorweggenommen sieht. So stark wie Papa will ich auch mal sein! Probehalber und in Vorwegnahme künftiger Körperkraft drischt es noch fester auf den Ball ein, noch härter dröhnt der gegen die Wand, eine Fensterscheibe zittert und bricht. Kinder haben ein unvergleichliches Vergnügen daran, keineswegs nur die kleinen Jungen. Papa ist also auch Bewältigung der Widerständigkeit der Welt.

Ganz ohne Körperkraft und in gewisser Weise auch ohne Körpergewalt geht das nicht ab. *Was ich bewältigen will, muss ich auch überwältigen.* Papa kann das, jedenfalls ist dies der unerschütterliche Glaube des Kindes. Papa überwältigt alles, Papa hat alles im Griff. Papa hat die Tatsache, dass die Dinge so widerständig und eigenartig, so fremd und bedrohlich sein können, in seiner Person überwunden, bezwungen. Papa befreit von Ängsten. Und Ängste lauern ja überall.

Damit sind wir bei dem dritten Punkt. Papa muss Ängste beschwichtigen. Das kann nur ein starker Papa, so viel · liegt ja wohl auf der Hand! Nur einer, der noch kräftiger gegen den Ball tritt, der die Mauern, wenn nicht zum Einsturz, so doch zum Erzittern bringen kann, der die Bauklötze geschickt aufstellt und sie dann brummig zur Seite wischt, also nur ein in gewisser Weise auch gewalttätiger Papa ist in der Lage, Ängste zu überwältigen. Zu ihm rennt das Kleine, wenn es aus einem Albtraum erwacht. Oder es rennt zur Mama, hat aber den starken Papa, der neben ihr im Bett liegt, gleichzeitig mit im Blick. Immer spielt sich in seiner kleinen Seele die Versöhnung des Männlichen und des Weiblichen wie eine große Parabel des Menschlichen ab. *Fällt das männliche Prinzip aus, bleibt auch die Beziehung zum weiblichen gestört.* Ich wünschte mir oft, dass junge Mütter sich diese seelische Tatsache vor Augen hielten. Manche, nein, viele von ihnen sind versucht, das Männliche an Papa zur Seite zu drängen. Diese kräftige Männlichkeit soll nicht sein. Insgeheim spielt dabei wohl auch Folgendes eine Rolle: Ein Kind identifiziert sich ja auch deswegen mit dem Männlichen, damit es sich schrittweise von Mama lösen kann. Das ist schwer für Mama. Nicht nur für das Kind. Unbewusst versuchen viele Mütter, diese Lösung zu verhindern oder zumindest zu verzögern. »Mein kleines Baby – jetzt wächst es in ein eigenes autonomes Leben hinein und geht mir verloren«: Dunkel und drängend sind diese Ängste. Sie bleiben fast immer unbewusst. In der Pubertät des Kindes brechen sie dann wieder mit Macht auf und dasselbe tragische »Theater« wird noch einmal neu eröffnet. Dass solche Ängste existieren, ist kein Problem. Sie gehören zur Liebesausstattung jeder Mutter. Zu einem Problem werden sie erst dann, wenn die Frauen ihnen allzu sehr nachgeben.

Mein Kind soll kein Macho werden. Ich will mein Kind vor Gewalt und Aggressivität schützen, es selber soll auch nicht aggressiv werden. Bei Papa – oder gar dem geschiedenen Papa – ist es immer so laut und grob, es wird mir ganz fremd dabei. Mama muss jetzt über ihren Schatten springen, um der Verführungskraft solcher Gedanken nicht zu erliegen. Viele Mütter tun dies, aber beileibe nicht alle.

Väter haben es schwer. Es muss ihnen nun gelingen, neben den »verinnerlichten« Müttern im Leben ihres Kindes einen Platz zu finden und zu behaupten. Und in gleicher Weise müssen sie versuchen, das weibliche Misstrauen (das zu gewissen Teilen wohl jede Mutter in sich trägt) zu besänftigen, aber trotzdem ein kräftiger Gegenpart gegenüber dem mütterlich-weiblichen Prinzip zu bleiben. Nein, einfach ist das nicht.

Und wie gelingt einem das? Für die Männer gilt, was ich für die Mütter so oft betont habe: Das Wichtigste ist die Liebe. Ein liebevolles Lächeln, während der Ball gegen die Wand dröhnt, und schon hat dieses derbe Spiel nicht nur heftige, grobe Züge, sondern *auch* feinere, versöhnliche. Eine gute Männlichkeit versöhnt das Beherrschen der Sachen, das ein Kind braucht, mit Feinheit und Intelligenz, die aus dem Be-herrschen eine kleine Lebenskunst machen. Guten Vätern gelingt das. Intuitiv, so wie den Müttern auch! Das Beherrschen von Wissen oder Sachen hat ja tatsächlich immer auch mit *Herrschaft* zu tun. So ist unsere Kultur eben eingerichtet. Sie ist weitgehend eine Kultur des Machens, der Manipulation, des Bezwingens. Papa steht dafür ein, es bleibt ihm gar nichts anderes übrig. Sein Kind fordert es von ihm! Aber die kleine Geste, mit der Papa seinem Sohn über den Kopf streicht, genügt schon, damit aus dem kraftvollen Spiel kein brutales Draufhauen wird.

Wenn ein Mann ausreichend Geduld und Integrität hat, ein wenig selbstkritisch in sich hineinzuhorchen und trotzdem kräftig nach außen zu wirken, dann ist er ein unschlagbar guter Vater. Die ganz weichen Väter aber, die schon vor dem Wort »Körperkraft« zurückschrecken, die nie begreifen, dass »aggredi« (auf etwas zugehen) auch mit Aggression zu tun hat, die verfehlen ihr Kind ebenso wie solche Väter, die überall den starken Mann markieren und dabei nur ihre Schwäche überspielen.

# Der gute Vater (2)
## Papa spielt Fußball und verliert

Was ist also ein guter Vater? Versuchen wir nach den vielen Erläuterungen ein paar anschauliche Bilder dafür zu finden.

Ein guter Vater ist beispielsweise dieser: Die Söhne sind 7 und 11 Jahre alt, Papa ist ungefähr 40. Sie spielen Fußball. Söhne gegen Papa, zwei Tore sind aufgebaut. Ein Ball ist auch vorhanden, es kann also losgehen.

Papa zeigt, dass er gewinnen will. Das ist ein wichtiger Punkt. Wenn Papa von Anfang an deutlich machen würde, dass er seinen Söhnen zuliebe gern verliert, oder wenn er ihnen mitten im Spiel beibringen will, dass Verlieren und Gewinnen gar nicht so wichtig sind, verdirbt er ihnen den Spaß. Er verdirbt ihnen nicht nur den Spaß, er verdirbt auch seine Vorbildwirkung.

Papa hängt sich also rein.

Er ist jung genug, um seine ganze Körperkraft auszuspielen. Das ist gut so. Beide Söhne bewundern diese Kraft und nehmen sie buchstäblich in sich auf (dieser Mann ist ja nicht irgendeiner, sondern *ihr* Papa). Jetzt langen sie selber zu.

Sie trauen sich, sie fassen Mut zu ihrem eigenen Körper, der Geschicklichkeit ihrer Füße, der Zielgenauigkeit ihrer Schritte und Schüsse. Papas Willenskraft stärkt sie.

Die drei fetzen also kräftig los, da dröhnen auch schon mal die Schüsse gegen die Mauer, gelegentlich kann eine Fensterscheibe zu Bruch gehen.

Sollte dies tatsächlich passieren, muss Papa deutlich machen, dass er nicht vor Schreck aus den Schuhen kippt. Zugleich sollte er allerdings klarstellen, dass eine Fensterscheibe eigentlich eine Fensterscheibe ist und das Recht darauf hat, auch ein Fußballspiel unbeschadet zu überstehen. Nun ja, nun ist sie kaputt. Davon geht die Welt nicht unter!

Man sieht schon, bis in die winzigsten Details hinein ist alles widersprüchlich und eine Frage des ausgleichenden Maßes, der männlichen »Integrität«. Die drei poltern und bolzen also gegeneinander los, Papa schießt ein Tor. Beide Söhne wirken ein wenig genervt. Denn einerseits soll Papa durchaus ein starker Fußballspieler sein, andererseits soll er verlieren.

Da merkt man schon wieder, wie schwer es ist, ein guter Vater zu sein, selbst beim Fußballspiel.

Papa muss, just in diesem Augenblick, seinen Siegeswillen zügeln. So ehrlich er anfangs gewinnen wollte, so sehr muss er seinen Ehrgeiz nun zurückstellen oder wenigstens ein bisschen bändigen. Denn Papa sollte – und wird, wenn er ein Herz für seine Söhne hat – dafür sorgen, dass die beiden nicht so sehr ins Hintertreffen geraten. Dann nämlich würde er ihnen nur vor Augen führen, dass er der Stärkere ist und sie nichts dagegen auszurichten vermögen. Das ermutigt keinen.

Das würde den beiden möglicherweise die Lust an ihrem Spiel, der Bewegung ihrer Beine, der Geschicklichkeit ihrer Schüsse verleiden. Das will Papa auch wieder nicht.

So ist das nun mal: Kinder sind anspruchsvolle Wesen, wenn es um ihre Eltern geht. Zum einen soll Papa hingebungsvoll und mit Siegeseifer spielen, zum anderen soll er sich zurücknehmen, damit die Kleinen auch eine Chance haben. Zum einen soll er ganz unpädagogisch losbolzen, zum anderen soll er ein strahlendes Bild integrer Moral und Rücksicht abgeben.

Das schafft er nie! Aber solange er darüber nicht jammert oder resigniert, ist schon alles in Ordnung! (Beim Computerspiel oder Internet ist es auch nicht anders: Zum einen soll Papa ganz toll sein und alles wissen, zum anderen soll er gar nichts wissen, damit sein Sohn ihm alles – mit leicht besserwisserischem Unterton – erklären kann.) Wer glaubt, dass Erziehung leicht sei, hat keine Ahnung! Papa also führt nunmehr den Ball sorgfältiger, rücksichtsvoller sozusagen. Er verstolpert auch den einen oder anderen Spielzug, lässt sich von dem Größeren – *und gleich anschließend von dem Kleineren!* – den Ball abnehmen, verfällt in wilde Verzweiflung, wenn die beiden erst ein und dann noch ein Tor schießen und ihn ins Hintertreffen bringen. Vielleicht brüllt Papa laut seine Enttäuschung heraus, die Söhne haben ihren Spaß daran. Denn Papa brüllt manchmal auch, wenn sie irgendwelchen Unsinn angestellt haben. Dann macht sein Gebrüll Angst und *soll* auch Angst machen. Jetzt wirkt es im Vergleich dazu wie eine Befreiung. Es spornt sie an.

Sie hecheln und hetzen noch ehrgeiziger hinter dem Ball her, vielleicht kommen sie jetzt an eine Grenze dessen, was sie seelisch noch auf die Reihe kriegen. Fix muss Papa umdenken und nun doch ein wenig »pädagogisch« werden. Beispielsweise auf die Einhaltung von Fairness und Regeln achten. Dazu setzt er wieder seine Überlegenheit ein.

Zunächst war es richtig, diese Überlegenheit zurückzunehmen, jetzt muss sie wieder ins Spiel gebracht werden. Papa hält den Ball kurz fest, er mahnt zur Besonnenheit, er schafft einen Augenblick von Ruhe und Beruhigung, Besinnung. Die Söhne achten darauf, sie horchen auf seine Stimme, sie gehorchen.

Warum tun sie es? Sie tun es zum einen, weil Papa anfangs seine (und damit in gewissem Sinn ihre) Körperkraft ins Spiel gebracht hat und weil Papa zum anderen ein mitfühlender Spielgefährte ist, auf den man sich verlassen kann. Weil Papa einerseits väterlich und andererseits nicht immer nur väterlich ist.

Sie gehorchen, hören ihm also zu, weil sie die Identifikation mit Papa benötigen. Sie wissen es nicht, aber sie spüren es. Das reicht. Jetzt kann das Spiel weitergehen.

# Der gute Vater (3)
## Väter sind Männer, basta!

Damit – mit dieser Erläuterung der *Eigenart* des Väterlichen – wird vielleicht auch deutlich, warum ich eine weit verbreitete Meinung nicht teile. Ich bin *nicht* der Meinung, dass Väter besonders gute Väter sind, wenn sie das Kind baden und wickeln, wenn sie häufig oder regelmäßig die Windeln wechseln und ihm jeden Abend Schlaflieder vorsingen. Dies alles darf gern sein, hin und wieder und meinetwegen auch häufiger, aber ein Dogma soll man daraus nicht machen.

Ich kenne vorzügliche Väter, die ihr Kind nicht ein einziges Mal gewindelt und gewickelt haben. Vielleicht haben Väter im Wesentlichen ja andere Aufgaben. Das Kind an die Brust zu nehmen, zu nähren und zu stillen ist Aufgabe von Mama. Keiner kann sie ersetzen. Keiner sollte es mit allerlei Fläschchen oder gar Leckereien für die Kleinsten aus dem modernen Baby-Marketing versuchen. Nichts ersetzt Mama, nichts ist so gut für das Kind wie ihre Muttermilch, hundert und mehr ärztliche Studien belegen dies. Außerdem weiß man es auch ohne Wissenschaft ganz genau. Nichts ist mit ihrer Wärme, ihrer Nähe, ihrer Haut und ihrem Geruch vergleichbar. Nichts! Das ist eine Kraft, eine Kompetenz!

Es gehört ja zum Selbstbewusstsein der Mütter, dieses Wissen. Dass sie für ihr Kind unaustauschbar sind! Einzigartigkeit.

Natürlich können Papa oder eine Großmutter (und ein Großvater auch) gelegentlich einspringen. Papa hat dafür zu sorgen, dass es der höchst beanspruchten Mutter – vor allem in den ersten Monaten nach der Geburt, ich rede von *Monaten* – gut geht. Das ist schon schwierig genug. Sozialpolitiker ebenso wie bürokratische Institutionen haben in unserer Gesellschaft offenbar ein unerschöpfliches Interesse daran, den jungen Familien die äußeren Lebensbedingungen zu erschweren. Solche Sorgen kann sich eine Mutter in den ersten Lebensmonaten ihres Kleinen gar nicht leisten. Jede finanzielle Krise – und ich kenne kaum eine junge Familie, die nicht von einer Krise zur anderen taumelt – mindert ihre Aufmerksamkeit, ihre Feinfühligkeit für das Kind. Über deren lebenslange Bedeutung auch für die Gesellschaft als Ganze haben wir ja gesprochen. Aber das verstehen diese Politiker und Bürokraten nicht, sie sind dumm!

Viele Väter sind ganz und gar damit ausgelastet, die elementarsten Sicherungen für die Familie herzustellen. Auch das ist nicht einfach. Als frei schwebender Single lebt man in einer Agentur oder sonst wo in der freien Wirtschaft, erst recht an den Börsen und Banken erheblich leichter. Man agiert freier, selbstbewusster. Man kann sich Risiken leisten, man kann sich Konflikte leisten. Man ist durchsetzungsfähiger. Die Umgebung merkt das. In unserem rivalisierenden Wirtschaftsmilieu hat jeder ein feines Gespür für Schwächen des anderen. Ein junger Vater ist angreifbar. Auch das weiß jeder. Es wäre ja ein Wunder, wenn es nicht ausgenützt würde. Und es wird ausgenutzt! Über die Feinde der Familien – die sich gegen Frauen wie Männer gleichermaßen richten – sprechen wir noch.

Hier geht es mir nur darum, zu zeigen, wie sehr die allermeisten Familienväter auch beruflich zusätzlich unter Zwang stehen. Da müssen sie dann dagegenhalten. Das ist Verantwortung genug. Es ist albern, angesichts solcher massiver sozialer Tatsachen formale Gleichheitsideologien ins Spiel zu bringen.

Nachdem dies deutlich genug geworden ist, muss sogleich Folgendes hinzugefügt werden: Die väterliche Verantwortung macht einen Mann auch stärker. Die Tatsache, dass er eine Verantwortung empfindet, die über ihn selber hinausweist, macht ihn überlegen. Die strebsamen egozentrischen Karrieristen links und rechts wirken neben ihm immer ein wenig kümmerlich. »Ich stehe hier nicht nur für mich ein, sondern für meine Familie« – das ist auf einmal ein anderer Mann, der da spricht. Einer mit einem höheren Reflexionsgrad, einer tieferen Verantwortungsfähigkeit. Einer, der gewachsen ist.

Wenn es ihm gelingt, dieses Bewusstsein von Verantwortung aus der Familie in den Betrieb hineinzunehmen und aus dem Betrieb wieder in die Familie zurück – dann gelingt ihm eine höchst komplexe Integration von beruflicher Kompetenz und väterlich-männlicher Verantwortungsbereitschaft. Eine Frau spürt dies.

Also noch einmal mit klaren Worten: Väterlichkeit und Mütterlichkeit berühren sich angesichts der Bedürftigkeit ihres Kindes und durchdringen einander. Das ist weibliche und männliche Verantwortung.

Ich arbeite, ich werde kompetenter, ich strenge mich an, ich übernehme Verantwortung, ich tue dies alles, weil ich ein Kind und also eine Familie habe. Eine *vollständige* Familie. Weil ich mehr bin als nur »Ich!«. Das ist Väterlichkeit! So zeigt sie sich.

Eine Familie, besonders eine mit sehr kleinen Kindern, ist von Feinden umringt. Wir leben in einer familienfeindlichen, weil kinderfeindlichen Gesellschaft.

Sozialpolitik saniert sich auf Kosten der Familien. Chefs profilieren sich auf Kosten von Familien. Ganze Industriezweige konzentrieren ihre verlogene Werbung auf Familien.

Auf den Straßen und sogar in den Fußgängerzonen regiert eine Geschwindigkeit von Apparaten, die Kinder bedrohen. Dem zu widerstehen ist männlich.

Dem sich entgegenzustellen, ohne dabei unsicher und angepasst zu sein, aber auch, ohne sich übermäßig zu verhärten, darin zeigt sich eine moderne Art von Männlichkeit. Sie macht stark und selbstbewusst. Die Männer *verdanken* sie ihrer Frau und ihrem Kind.

Die Menschen um solche Männer spüren das. Aber ganz besonders spürt es das Kind. Solche Männer sind in unseren Wirtschaftsgefügen nicht unbedingt die erfolgreichsten, aber sie sind in ganz besonderer Weise angesehen. Sie werden »gesehen« von *den* Menschen, auf die es ihnen ankommt. Sie schaffen einen Raum der Stabilität, der weitere Kreise zieht. Er umfasst erst nur die Familie, danach wird er auch anderen Menschen fühlbar. Dies ist ein konkretes, zufriedenes, genügsames, aber nicht »selbst«-genügsames Selbstbewusstsein.

Mehr kann ein Mann nicht erreichen. Von ihm geht eine Ruhe oder besser eine Beruhigung aus, die auch andere Menschen mitempfinden. Er wird geachtet dafür. Angesehen eben! Aber das Wichtigste ist dieses Ansehen natürlich nicht. Das Wichtigste ist etwas anderes: Von seinem Kind und − wenn alles gut geht − auch von der Frau, der Mutter des Kindes, wird er geliebt. Mehr Glück kann kein Mann erhoffen.

05

# WENN DIE LIEBE AUSEINANDER GEHT

# Trennungen (1)
## Kinder wollen ganze Familien

Ein ganz normales Frühabendprogramm, eine dieser amerikanischen Serien auf VOX oder Kabel oder sonst wo. Eine Familienserie, früher wurde in ihnen die Familienidylle beschworen. Am Ende solch einer alten Serie ging – wie in den »Waltons« – dann im Elternhaus auf allen Etagen das Licht aus und Kinderstimmen und Elternstimmen schwirrten durcheinander: »Gute Nacht, John«, »Gute Nacht, Dad«, und so weiter. Das Bild eines Hauses, einer Familie, die in diesem Haus ihre Gemeinschaft fand, die unter diesem Dach sicher war, trotz aller Konflikte – das war noch vor 30 Jahren das TV-Bild von Familie und Elternschaft, das sich den Kindern einprägte.

Alles hat sich geändert.

In diesem Frühabendprogramm 2011 geht es auch um Familie, aber die Kinder sind seelisch ganz anders trainiert. Papa sitzt versunken mit seiner Gitarre und klimpert vor sich hin, der unvermeidliche Hund spitzt die Ohren, das Töchterchen, elf Jahre alt, kommt heim, es hat Ärger gegeben zwischen Mom und Pa, sie spürt es.

Sie schaut ihren Vater an, und der erste Gedanke, der ihr wie selbstverständlich durch den kleinen Kopf schießt, ist dieser:»Ihr wollt euch doch nicht trennen?«

»Nein«, schüttelt Dad nachdenklich den Kopf, »ich glaube nicht.«

Er glaubt es nicht, was soll er mehr sagen. Wissen kann

er es schließlich nicht. Bei Dad Walton wäre die Antwort anders ausgefallen, noch nach dem heißesten Streit mit »Mom«. Und den Kindern wäre diese Frage gar nicht in den Sinn gekommen. So viel Unsicherheit! Sie wäre noch vor drei, vier Jahrzehnten buchstäblich undenkbar gewesen. Nicht vorstellbar! Aber heute gibt es überall diese sprunghafte Bereitschaft zur Trennung, die Kinder haben es gesehen. Es ist in ihre Ängste hineingewachsen. Sofort, beim geringsten Streit, fällt ihnen ein: Vielleicht trennen sich meine Eltern ja! Vielleicht bleiben sie nicht zusammen, warum sollten sie auch? Vielleicht sind wir morgen keine Familie mehr. Die Trennung der Eltern liegt wie eine Bedrohung über jedem Kinderleben. Die Fernsehserien bilden den Trend nur ab.

Dabei kann man sich ganz einfach vor Augen halten, wie wichtig das Zusammensein beider Elternteile für die Kinder ist. Und zwar für alle Kinder, ausnahmslos. Meine kleine Tochter beispielsweise hatte sich angewöhnt, schon nach dem kleinsten Streit ihrer Eltern, ach was, nach nur der entfernten Andeutung eines möglichen Streites mit der einen Hand meine Frau an sich heranzuzerren, mit der anderen mich, uns beide ganz eng aneinander zu pressen und dann ihren kleinen Kopf, sozusagen als vermittelnde Dritte, zwischen uns beide zu schieben. »So«, sagt sie zufrieden und guckt von Papa zu Mama und wieder zurück. Jetzt ist alles wieder in Ordnung, jetzt ist es eine Einheit: Vater, Mutter, Kind. So soll es sein! Sie seufzt zufrieden.

Sind wir etwa eine Familie mit vielen Konflikten? Macht das dem Kind Angst? Nein, das sind wir nicht. Ein wachsames Psychologenauge würde in unserer Familie eher einen Hang zur Harmonisierung bemängeln (aber da haben wir ja noch unseren pubertierenden Sohn, der uns vor solchen Mängeln bewahrt!). Ist unsere Ehe gefährdet oder war sie

es jemals? Hat sich dies in die Erinnerung des Kindes eingefressen, dass es so ängstlich reagiert? Keine Spur.

Nein, eine Trennung der Eltern liegt in unserer Kultur
sozusagen »in der Luft«. Unsere Tochter hat es bei einigen
Freundinnen gesehen, im Kindergarten, in der Schule wieder. Sie sieht es im Fernsehen, sogar in den Kindersendun-
gen. »Was mache ich, wenn meine Eltern sich trennen?« Das
Selbstverständliche ist verloren gegangen, man kann gar
nichts dagegen tun.

Dabei haben die Kleinen so viel Sehnsucht nach der alten
traditionellen Familie. Man muss ja nur einmal auf irgendeiner beliebigen Fußgängerzone irgendeiner deutschen oder
nichtdeutschen Stadt die Kinder fragen, was ihnen im Leben am wichtigsten sei. Die Antwort wird eben nicht lauten,
dass der Computer, Barbie oder die letzte Castingshow ihnen
so ungeheuer am Herzen liegt. Ihre am tiefsten empfundene
Antwort wird lauten: Am wichtigsten im Leben sind Papa,
Mama, Kind. Dass alle zusammen sind! Dass es eine Einheit
gibt. Einen Halt, wenigstens diesen.

Alles in Frage gestellt! Nicht nur — ich wiederhole es — bei
den Kindern, die berechtigte Sorge haben müssen, dass ihre
Eltern sich trennen könnten, bei denen also ein regelmäßi-
ger oder häufiger Streit das Familienleben verdunkelt. Sondern auch bei solchen Kindern, deren Eltern in zufriedener
Eintracht leben, bei denen der Gedanke an Trennung noch
nicht ein einziges Mal aufgekommen ist. Aber die *Möglichkeit*, dass Papa und Mama sich voneinander trennen und das
Kind hin- und hergerissen wird und letztlich allein zurück-
bleibt, die gibt es am Erfahrungshorizont unserer Kinder,
aller Kinder. Ausnahmen gibt es nicht. Das ist ein weiteres
Kapitel in der Sammlung moderner Kindertragödien.

Warum Tragödie? Wir kommen immer auf dieselben
Grundlagen der seelischen Entwicklung eines Kindes zurück, wir müssen immer wieder von den ersten drei Lebens-

jahren sprechen. Vergegenwärtigen wir uns noch einmal, wie innig die Bindung an Mama war und wie sehr sie Voraussetzung gewesen ist dafür, dass ein Kind sich auf die eigenen Beine stellt. Wie notwendig dann Papa als »sichernder Dritter« gewesen ist, um die Bewegung des Kindes von Mama weg hin in eine Welt der fremden und neuen Dinge zu sichern. Wie wichtig für das Kind die Gewissheit war, dass es jederzeit in die warme Symbiose zu Mama zurückkehren und von ihr aus erneut aufbrechen konnte.

Wie sehr, mit anderen Worten, die Einheit von und das Wechselspiel zwischen dem »Imago« (dem inneren Bild) von Papa und dem »Imago« von Mama die kleine Seele überhaupt erst fundiert haben. Dass sie dann zwei oder vier oder sechs Jahre später immer noch nach der Einheit beider verlangt, dass sie immer noch das Väterliche und das Mütterliche zur Verfügung haben will, ja benötigt, um sich weiter zu stabilisieren und aufzubauen (bis weit in das Erwachsenenalter hinein) – das liegt doch auf der Hand. Es ist eine existenzielle Tatsache.

Und deshalb ist jede Trennung für jedes Kind eine Erschütterung großen Ausmaßes. Darum führt kein Weg herum. Auch keine psychologische Schlaumeierei, wie man sie in einigen Büchern lesen kann. Dort gibt es Titel, die etwa »Trennung ist eine Chance« lauten. Oder »Warum Kinder von Trennung profitieren« usw. usw. Alles gelogen! Diese Leute wollen nur mit der traurigen Tatsache, dass immer mehr Kinder mit Trennungen leben müssen, ein Geschäft machen.

Natürlich muss man, wenn die Ehe nicht hält, darüber nachdenken, wie allen Beteiligten geholfen werden kann. Natürlich muss es dann ein vertieftes psychologisches Nachdenken darüber geben, wie die Trennungsfamilien – soweit es eben möglich ist – getrennt in Kontakt bleiben können. Das ist alles wichtig und notwendig. Aber *davor*, am Anfang jeder realistischen Überlegung, steht das Eingeständnis, dass die Trennung vielleicht für die Eltern, in jedem Fall aber für das Kind eine einzige Tragödie ist. Nichts anderes. Nur tragisch, nur traurig. Ein Abgrund, der sich vor ihm und den innigsten Bedingungen seines Selbst auftut und es zu verschlingen droht.

Nun muss man ihm also helfen. Aber *warum* muss man helfen? Doch wohl, weil diese Kinder in Not sind! Alle vernünftigen psychologischen Programme, die sich mit den Problemen der Trennungskinder befassen, haben zur Grundlage – eingestanden oder nicht – die Einsicht, dass Trennung ein Defizit für die Kinder ist. Ein seelischer Mangel, ein Makel. Sie werden ihn wahrscheinlich ein ganzes Leben lang nicht wieder los.

Eine weniger egoistische Kultur, nebenbei bemerkt, würde solche Titel, wie ich sie eben genannt habe, gar nicht dulden. Die Marketingleute in den Verlagen würden sich nicht trauen, solchen Unfug auf Titelblätter zu schreiben. Die Kunden in den Buchläden oder den Versandhandlungen wären empört. Dass Kinder *beide* Eltern wollen, weiß doch jeder. Dass sie ihre beiden Eltern so nahe beieinander, so sehr als Einheit wollen (wie es, ich sagte es, in ihren frühesten Lebensabschnitten gewesen ist), liegt auf der Hand. Aber die Wahrheit ist, dass es uns nicht kümmert. Wir gehen über diese elementaren Einsichten einfach hinweg. Über die Köpfe der Kinder hinweg. Keiner schert sich darum, keine Empörung, nicht einmal in den psychologischen Fachzeitschriften. Das große Dilemma der allermeisten Familien, dass sie kein selbstverständliches ethisches Fundament haben, spiegelt sich auch in dieser Tatsache.

# Trennungen (2)
## Mama will die Trennung, leidet dann mit ihrem Kind

Seltsamerweise werden Trennungen heute von den Müttern eher betrieben als von den Männern. Dafür mag es viele Gründe geben. Aber es ist auch so, dass die Mütter hinterher die größere Last zu tragen haben. In der weitaus größten Zahl bleiben Kinder unter 10 Jahren bei ihren Müttern. Dort fühlen sie sich zu Hause, aber nun mit einem Makel versehen. Mit einem Mangel, den sie wie einen Riss tief in sich spüren und den sie sich manchmal selber als Schuld anrechnen. Mit dem sie nicht fertig werden, den sie aber auch nicht abtun können. Sie können gar nichts tun. Sie empfinden Ohnmacht. Es gibt keinen Weg, den Mangel auszugleichen. Er ist in ihnen und gleichzeitig außerhalb von ihnen. Er ist schicksalhaft und die Kinder suchen verzweifelt nach Lösungen.

Was ihnen dann in ihrer zornigen Ohnmacht einfällt, das geht oft auf Kosten desjenigen, der von der Familie nun eben noch übrig geblieben ist. Also Mama.

Mama soll jetzt die »ganze Familie« sein. Ach, noch mehr als die ganze Familie. Jetzt muss, um den Schmerz zu betäuben, alles ganz perfekt sein. Die ideale Familie! Mama und Kind spielen sich mitunter trostlose Komödien vor: Wir beide, wir sind ein ganz tolles Gespann, besser als jede Familie.

Aber es ist eben nur eine Komödie, eine Farce. Die seelische Wahrheit – mindestens die des Kindes – lautet anders.

Etwas fehlt! Das Bewusstsein oder zumindest das Unbewusste des Kindes rechnet Mama dieses Fehlen vorwurfsvoll an. Etwas ist nicht richtig, etwas ist am Abendtisch leer geblieben. Jedes Kind spürt es, so wie die Frau es auch spürt. Es lässt sich nicht auswischen. Der Lösungsweg nun, den die kindliche Seele häufig beschreitet (besonders die kleinen Jungen) sieht so aus: *Der abwesende Vater, der fehlende Vater wird idealisiert.*

Allein dadurch, dass er nicht da ist und so schmerzlich vermisst wird, hebt sich sein Bild über alle Realität hinaus. *Er* verkörpert plötzlich die ideale Familie. *Er* ist in der Vorstellungswelt seines kleinen Sohnes (und oft auch der kleinen Töchter) der ideale Vater, egal, wie mies er sich möglicherweise vorher verhalten hat. Er könnte ja alles wieder gutmachen. Er müsste nur wieder da sein!

Nein, vernünftig ist das nicht, logisch auch nicht. Aber wann wäre die menschliche und gar die kindliche Seele jemals logisch gewesen? Die Idealisierung des Vaters entlastet das Kind von dem Mangel, den es in sich und um sich herum spürt. Es kann sich mit diesem idealisierten abwesenden Vater identifizieren und auf diese Weise gewissermaßen träumerisch oder halluzinativ den Riss, den Mangel ausgleichen.

Wenn ich nur so wäre wie Papa, der nicht da ist, dann wären ich und das Leben um mich herum wieder in Ordnung. Der abwesende Vater wird zum Ideal und Mama hat die Folgen zu tragen. Dem abwesenden Vater würde dieser kleine Junge jede Art von Respekt und Gehorsam entgegenbringen, bei Mama hört er gar nicht erst hin! Schon der kleinste Konflikt wegen der Schule oder unerledigte Hausaufgaben reichen aus, um manche dieser Kinder buchstäblich »ausflippen« zu lassen. Sie finden – da ihnen das Väterliche, das Gegenüber, das Ordnende fehlt – kein Maß und keinen Halt in sich. Sie poltern los, sie brüllen herum.

Viele Mütter weichen erschrocken zurück. Nicht zuletzt,

weil sie ein schlechtes Gewissen haben. Sie sehen ja Tag für Tag, wie ihr Kleiner unter der Trennung leidet. Das hat sich in ihren Gefühlen als Schuld angehäuft. Diese Schuld lässt sie jetzt zögern. Diese Schuld hemmt. Sie trauen sich nicht, den Respekt zu beanspruchen, den sie jetzt unbedingt beanspruchen müssten. Sie reagieren gar nicht oder verschämt, halbherzig oder auf sonst eine Art, mit der kleine Jungen nicht zurechtkommen. Deren Wut also steigert sich ins Unbändige.

Wenn nur Papa da wäre, dann wäre die Welt ja in Ordnung. Mama ist schuld, das liegt jetzt für den kleinen Jungen glasklar auf der Hand. Mama soll ihn in Ruhe lassen, mit ihren ekligen Hausaufgaben, ihrem pingeligen Nachhausekommen, ihren dauernden Aufforderungen, zu Bett gehen, und Fernsehverboten. Der kleine Junge will zu Papa.

Natürlich würde ihn das Leben bei Papa, wenn Papa es erlauben würde, in eine neue Katastrophe führen. Aber das weiß er nicht. Nur Mama und Papa ahnen es. Deswegen ziehen sich die allermeisten Väter dann doch lieber zurück. Manche geben der eifersüchtigen Wut ihrer Kinder an den Besuchswochenenden zwar gern zusätzliche Nahrung. Aber mehr? Nein, danke! Dass der Junge wirklich zu ihnen zieht, mit ihnen lebt, das wollen sie nicht. Ihnen fallen hundert und mehr Gründe ein, warum dies nicht ihnen, sondern dem Kind schaden würde. Es würde auch schief gehen. (Andere Väter, in verzweifelter, allein gelassener Liebe zu ihrem Kind, verbeißen sich in ihre Bitterkeit. Solche Väter gibt es auch!)

Und Mama? Die Trennung von ihrem Kind würde ihr ja das Herz zerreißen. Auch sie lehnt ab. Endlich einmal sind Papa und Mama sich wieder einig, zumindest das hat der Kleine mit seinen Wutausbrüchen erreicht. Aber inzwischen ist aus dem »kleinen Sonnenschein« ein Problemkind geworden. Ein trotziges, egoistisches, eines, das auf niemanden mehr hören will. Nur der ideale Vater, *zumindest, solange er nicht da ist*, könnte ihn zu Gehorsam und Ordnung verhelfen. Aber Papa will nicht, Papa kann auch gar nicht. Die gesamte Familie ist in einen fatalen Teufelskreis geraten, aus dem es keinen Ausweg gibt.

Angetrieben wird dieser Teufelskreis, oder besser gesagt: diese Teufelsspirale, von verzweifelter und uneingelöster Liebe. So ist das. Das Kind leidet, Mama nicht weniger. Und Papa macht auch eine unglückliche Figur.

Und dann kommt ein gescheiter Psychologe daher und schreibt ein Buch mit dem Titel »Trennung ist eine Chance«! Was für ein Unsinn.

06

# SOZIALE WIDERSTÄNDE

# Schönheit, Schlankheit und Mütterlichkeit

Eine der grausamsten Bemerkungen seit langer Zeit hörte ich vor kurzem von einer jungen Frau. Sie sagte:»Am liebsten wäre es mir, meine Freunde wüssten gar nicht, dass ich ein Kind habe!«

Ich reagierte total verblüfft. Wieso das denn? Sie, so schien mir, fand ihrerseits meine Verblüffung merkwürdig. Sie war offenbar davon ausgegangen, dass sie einen ganz und gar selbstverständlichen Sachverhalt formulierte, der doch jedem bekannt sei. Auf Männer wirkt man weniger attraktiv, wenn man Mutter ist. Und für die Freundinnen (oder solche, die sich so nennen) ist man als Mutter eine ungefährlichere Rivalin. Man ist sozusagen aus dem Spiel.

Ich kannte diese Spielregel nicht, ihr erschien sie selbstverständlich.

»Mutter sein, das stört bei der Sexualität«, erläuterte sie. Und damit hatte sie es auf den Punkt gebracht. Die»Szene«, in der sie verkehrte und in der nicht wenige junge Frauen verkehren, hat ein sehr seltsames Verständnis von Sexualität.

Sexualität ist bei ihnen Selbstdarstellung,»Performance«, also eine Art, sich zur Geltung zu bringen, eine Art Leistungsvergleich im Bett. Die Leistung bezieht sich sowohl auf die Befriedigung des anderen (»Hat es dir gefallen?«, so fragten früher nur Männer, heute tun es die jungen Frauen auch) wie auch auf die eigene Befriedigung.

Wenn es keinen Spaß gemacht hat oder sonst wie unbefriedigend blieb, dann war dies ein verlorener Abend. Dann ist man im Ranking des »Spaßhabens« zurückgefallen. Dann hatten die anderen eben mehr Spaß, mehr Befriedigung, also mehr Bestätigung. Wer im Bett nicht gut genug war oder gut genug befriedigt wurde, erleidet Minuspunkte. Dem geht es schlecht hinterher. Der fühlt sich miserabel. Der entwickelt Wut. Zuerst gegenüber dem (oft zufälligen) Geschlechtspartner (oder Bettnachbarn) und später, wenn der »Versager« endlich verschwunden ist, gegenüber sich selber. Warum habe ich nicht den totalen Spaß, den offensichtlich alle haben? Warum bin ich nicht »die tolle Nummer«, die offenbar jeder ist, nur ich nicht? Kurzum, der permanente Leistungsvergleich führt sehr rasch zu einer Art von Selbstentwertung und von da aus ist es nur noch ein Schritt zur Depressivität.

Ich habe nach meinen Gesprächen in der psychologischen Betreuung das Gefühl, dass unzählige junge Frauen und vermutlich ebenso viele Männer (aber die reden in der Therapie nicht darüber) nach diesen Samstagabend-Disko-Nächten zu Hunderten in ihren Schlafzimmern liegen, vielleicht bei halb verdunkelten Gardinen, und sich mit Selbstvorwürfen das Leben schwer machen.

Wie in einem Teufelskreis, in einer Spirale der Selbstbehauptung und Selbstentwertung jagen sie durch ein Tal der Depressivität, der Selbstvorwürfe, des ziellosen Suchens nach etwas, das mit dem Wort »Befriedigung« genauso wenig beschrieben ist wie mit sexueller Erfüllung. Nein, sie wissen gar nicht, was sie suchen. Sie haben keine Ahnung vom Innersten ihrer Sehnsüchte, die sie auf diese Weise betäuben. Nur die Betäubung muss eben optimal gelingen, sonst wird der Schmerz unerträglich. Dieser Schmerz ist die innere Leere.

Wie alles, was innerlich leer ist, streben die Sehnsüchte dieser Menschen zum Perfekten. Sie wollen entweder selber perfekt sein oder ihr Geliebter oder die Geliebte muss es sein. Sie müssen ja durch den öffentlichen Anschein, durch das, was sie nach außen darstellen, fortwährend übertönen, dass sie innerlich so zerbrechlich sind. Deswegen hetzen sie unter die Sonnenbänke, schwitzen an Fitnessgeräten, traben morgens früh durch die Parks, in modischer Jogginghose, und sehen trotzdem, schnaufend und schnaubend und schwitzend, höchst unmoderat aus. Sie müssen ständig etwas darstellen. Warum? Weil sie so wenig sind!

Und nun ist auch klar, warum Mütterlichkeit nicht in diese »Szene« passt.

Muttersein ist nämlich ein pures *Sein*! Genau wie das Kind, es betört durch seine *Existenz*. Es ist, was es ist, nicht mehr und nicht weniger. In jeder Hinsicht also der Gegenpol zu der aufgeregten und hastigen Szenerie des »Night Fever«. Die kindliche Existenz ist selbst-genügsam. Diese »Szene« dagegen hat nie und ist sich selber nie genug. Deswegen muss ihnen ja die Repräsentation, die Darstellung, die Form, also das Aussehen, das Schicksein, die Attraktivität immer total gelingen. Jeder Abstrich vom Ideal entwertet sie, die Frauen ganz besonders. Sie fürchten Mangel an Attraktivität, Mängel am körperlichen Ideal. Sie fürchten die Erschöpfung, die Zeichen der Müdigkeit, der Sorge, der Anfälligkeit, Verletzlichkeit.

Mutterschaft hinterlässt Spuren, körperliche und seelische. Der ideale Körper der »Saturday Night« darf aber keine Spuren zeigen. Nicht die geringste Abweichung vom Ideal ist erlaubt, sie wird sofort als Bedrohung erlebt. Und so schließt sich der Kreis. Was die junge Frau, von der ich eingangs sprach, meinte, ist eben dies: *Wer ein Kind hat, dem ist auch zuzutrauen, dass er irgendwo Mängel hat*, Spuren der Geburt, möglicherweise in geschickter Weise versteckt, aber irgendwo werden sie schon zu finden sein. Und so, wie die Frauen das Körperideal verinnerlicht haben, so suchen die Männer für ihre Selbstbestätigung eben diese körperliche Perfektion bei den Frauen. Sie werden sofort misstrauisch, wenn eine Frau sagt, dass sie ein Kind habe. Wo sind die »Spuren«, die die Geburt, die das Ernähren des Kindes, das Stillen, hinterlassen haben? Wo sind die Makel, die dem »Night Fever« zuwiderlaufen? Sind nicht die Hüften zu sehr gedehnt, lassen sich Schwangerschaftsstreifen auf den Oberschenkeln oder dem Bauch ausmachen? Alles wird misstrauisch vermutet – in dieser hygienisierten und aseptischen Körperideal-Kultur gibt es keine Tabus und keine Hemmungen.

Das mediengeprägte Freizeitideal, das diese jungen Erwachsenen in unserer Kultur kennen lernen und das den Jugendlichen und Kindern auf allen Kanälen, in allen Zeitschriften, allen Kinos beigebracht wird, ist zutiefst kindfeindlich. Menschenfeindlich. Es ist grausam.

# Chefs und andere Feinde der Familien

Die Familien haben – neben den Sozialpolitikern, auf die wir noch zu sprechen kommen – vor allem drei elementare Feinde. Das sind erstens die Chefs in mittleren oder großen Betrieben, zweitens Schule und Schulbürokratie und drittens die innere und äußere Dissozialität (ich erkläre gleich, was darunter zu verstehen ist).

Die Chefs? Nun, das liegt auf der Hand. Es gibt zwar eine ausufernde Management-Diskussion darüber, wie eine moderne Management- und Führungspsychologie auszusehen habe, es gibt viele schöne und vergebliche Ratgeberbücher darüber, wie Chefs ihre Mitarbeiter so leiten, dass deren Kompetenzen ausgenutzt werden (was, wie diese Ratgeber ganz zu Recht bemerken, zur Erhöhung der Produktivität führen würde), es gibt sogar ein verbreitetes Gerücht einer neuen Firmenkultur, aber in der Realität kommt dies merkwürdigerweise alles nicht vor.

Die Realität sieht so aus, wie sie auch vor 50 Jahren schon aussah. Der Chef spielt den Chef, wer ihm widerspricht, kann schon mal seine Tasche packen. In *diesem* Betrieb, *dieser* Agentur, kriegt er keinen Fuß mehr an die Erde! Die Mitarbeiter wissen das und ducken sich. Jeder versucht seine Haut zu retten. Deutschland ist übrigens Weltmeister im Angstmachen, das ist in den Schulen so, das ist auch in den Betrieben so. Ein ganz wichtiger Grund für unsere gegenwärtige Wirtschaftsmisere.

Merkwürdigerweise ist dies auch in solchen Betrieben

der Fall, die die Modernität im Firmennamen tragen, wie
»Agency soundso« oder »Mediencomplex« (Kommunikation, Kompetenz, Kreativität – »unsere drei großen Ks sind
unsere Stärke«) oder ähnlich. Entgegen umlaufenden opti-
mistischen Annahmen erkenne ich nicht, dass in den infor-
mationstechnologischen Firmen der jungen Erwachsenen
die Dinge auch nur einen Deut anders laufen. Unsere Gesellschaft ist in ihren Falten, in ihren Feingliederungen, in den
Betrieben, den Agenturen, den Verwaltungen strikt hierar-
chisch geordnet, oder um es simpler zu sagen: stinkautori-
tär, so wie in den alten Zeiten.

Stellen wir uns nun den Herrn Müller vor, leitender An-
gestellter einer großen Werbeagentur, ein anerkannt fähiger
Kopf. Herr Müller hat nur zwei Nachteile: erstens, er neigt
zur Kritik und macht sich damit wenig Freunde, und zweitens, Herr Müller hat eine Familie mit zwei Kindern. Wer das
moderne Wirtschaftsgeschehen von innen kennt, weiß: Beides zusammen geht nicht! Das muss auch Herr Müller lernen.

Herr Müller hat beispielsweise vor einem wichtigen Kunden eben noch einen glänzenden Vortrag gehalten und ihm
das speziell für ihn erarbeitete Konzept unterbreitet, als er
ganz zum Schluss seine brillante Performance buchstäblich
vermasselt, indem er anmerkt, gegen 18 Uhr (pünktlich)
daheim sein zu müssen, weil seine 7-jährige Tochter vom
Ballettunterricht abgeholt werden müsse. Der Chef platzt innerlich vor Wut, er »implodiert«. Denn äußerlich lässt er
sich nichts anmerken, er ist ja ein moderner Chef. Seinen
autoritären Charakter lässt er immer nur unterschwellig,
für jedermann verständlich, aber unausgesprochen ein-
fließen.

Seine Worte, zwei Stunden später im Kreis der »wirklich
zuverlässigen« Mitarbeiter, lauten so: »Wirklich toll«, sagt
der Chef, »dieser Familiensinn des Mitarbeiters Müller.«
Er persönlich bewundere dies. Er persönlich sei geradezu

neidisch auf die Familienbindung, die Herr Müller so ungeachtet seiner Karriere – unterdrückte Lacher bei den Mitarbeitern – zu erkennen gebe. Unverzichtbar, schon als pure Abwechslung, dieser Herr Müller.

Alle haben verstanden, was gemeint ist. Gemeint ist: Wir sind ja eine moderne Firma, aber was zu viel ist, ist zu viel. Wer pünktlich nach Hause geht, gehört nicht in einen Betrieb wie unseren, in dem rund um die Uhr geackert wird. Wer nicht bis in die Nacht arbeitet, der, sagt der Chef, soll sich doch einen Arbeitsplatz bei der Behörde suchen oder gleich der Gewerkschaft beitreten – lauteres Lachen diesmal –, in einem globalisierten Unternehmen jedenfalls habe der nichts verloren.

Und wie reagiert Müller, wenn er am nächsten Tag die Bemerkungen seines Chefs zugetragen bekommt (sie werden ihm mit absoluter Sicherheit von wohlwollender Seite »zugetragen«)? Müller, der kompetente und kritische Kopf, *hat keine Wahl*. Ihm bleibt gar nichts anderes übrig, als zu kuschen, seine Ideen in Zukunft abgestimmter und gegebenenfalls gar nicht vorzutragen, sondern verkümmern zu lassen, seine Kritik herunterzuschlucken und – als Familienvater mit Verantwortung! – vor dem Chef den Bückling zu machen. Ganz wie in alten Zeiten.

Und wie sieht es bei Herrn Müller innendrin aus? Wie steht er vor seinem – sagen wir – 14-jährigen Sohn, wohl wissend, dass dieser Knabe einen Vater braucht, der ihm ein starkes Vorbild anzubieten vermag? Und kann man es ihm wirklich verübeln, wenn er sich manchmal, innerlich zerrissen, überlegt, was alles aus ihm und seinen Begabungen geworden wäre, wenn er *keine* Familie zu versorgen hätte?

Oder nehmen wir an, der Herr Müller ist ein mutiger Mann, er pfeift auf seinen Chef. Das gibt vielleicht seinem Selbstbewusstsein für einige Stunden oder Tage Auftrieb, wird aber nach Lage der Dinge früher oder später zur Arbeitslosigkeit oder wenigstens zu einem kümmerlichen Karriereverlauf führen. Und dann?

Kann Müller sicher sein, dass seine Frau nicht doch neidisch auf den erfolgreicheren Kollegen schielt und ihren Mann und Familienvater für eine eher langweilige, um nicht zu sagen gescheiterte Figur hält? Und kann er sicher sein, dass sein 14-jähriger Sohn ihm nicht in ein, zwei Jahren unter die Nase reibt, dass der »Dad« von seinem besten Freund gerade nach Paris zur Technologie-Messe unterwegs ist. »Wo fährst du denn mal hin, Papa?« Da helfen alle liebevollen Gefühle und alle mutige Standhaftigkeit wenig, wer raus ist, ist raus. Ein Familienvater kann sich das nicht leisten.

Die Gesamtorganisation unserer Wirtschaft, Politik, Verwaltungen und Kultur ist für Menschen gemacht, die unabhängig und frei wie ein Vogel von einem Ort zum anderen, einer Qualifikation zur nächsten, einer Position zur anderen schwirren. Es ist eine Kultur der jungen, gut ausgebildeten Singles. Die kommen in dieser sozialen Welt bestens zurecht. Wer diesen Status aufgibt, ist selber schuld. Wer eine Familie am Hals hat, muss eben wissen, was er tut. Möglicherweise geht er unter. Unser Herr Müller hat also Angst. Und Angst macht unattraktiv. Angst macht stumm. Die Ängstlichen lehnen sich nicht auf, die Ängstlichen strahlen auch keine Souveränität aus (die im modernen Wirtschaftsgeschehen eine so große Rolle spielt). Die Ängstlichen sind von vornherein die Verlierer. Familienväter sind prädestiniert zum Verlieren.

Überzeichne ich?

Aber nein, ich *unter*treibe.

Ich selber habe mich lange, lange Zeit um das Leben eines Familienvaters gedrückt und bin lieber als freischaffender Single durch deutsche und einige internationale Großstädte gewandert. Ich weiß sehr genau, wie Banker und Kellner in den besseren Hotels, wie Verlagsleiter und Geschäftsführer, Headhunter und Kommunikationsberater mit einem gut verdienenden, gut ausgebildeten und extrem flexiblen Single reden. *Und ich weiß, wie sie mit einem Familienvater reden.*

Ich weiß, wie fix man als Mitglied einer privaten Krankenversicherung, mit leichter Tendenz zur Überversicherung, Arzttermine bekommt und wie lange man als Familienvater, der wegen der Familienanbindung die gesetzlichen Krankenkassen »belastet«, auf eben solche Termine warten darf. Ich kenne die vielen Zwischentöne zwischen Respekt und milder Herablassung, ich habe sie alle wahrgenommen und könnte stundenlang davon erzählen. Und ich spreche aus einer privilegierten Situation.

Als ich mich zur Familie entschloss, war ich schon weit über 40 Jahre alt, hatte einiges an Erfahrung und einiges an Selbstbewusstsein gesammelt und habe diese Zwischentöne vielleicht deshalb, mit einer gewissen Distanz, besonders genau zur Kenntnis genommen. Nicht jeder junge Erwachsene, der froh und mit viel Hoffnung und Liebe eine Familie gründet, verfügt darüber. Niemand schützt diese junge Familie. Und oft weiß diese Familie sich selber dann auch nicht mehr zu helfen.

Noch ein Beispiel. Ich verwende einfach eines aus meiner unmittelbaren Erfahrung, andere können ähnliche Geschichten erzählen. Hundertfach, tausendfach. Das ist nun schon zehn Jahre her, aber die Verhältnisse ändern sich ja nicht wirklich.

Ich benötigte Kredit zum Aufbau einer eigenständigen kinderpsychologischen Praxis. Der Berater einer angesehenen öffentlichen Bank schaute mich aufmerksam, mit einem leisen Stich ins Mitleidige an und fragte: »Wollen Sie eine ehrliche Antwort?« Daran war mir schon sehr gelegen.

»Sie«, sagte er, »kriegen nichts. Zwei Gründe. Sie haben früher gutes Geld verdient, und jetzt wollen Sie so eine Praxis für Kinder aufmachen? Mann, Sie haben doch ganz andere Möglichkeiten!« Da wird jeder Banker sofort misstrauisch. »Und dann«, er blätterte kopfschüttelnd in meinem Lebenslauf, »haben Sie auch noch drei Kinder und eine Frau. Hat die Einkommen? Nein?« Ich verneinte und der gute Mann verstand die Welt nicht mehr. Er fuhr fort – *wörtlich*, es hat sich mir eingeprägt: *»Da schleppen Sie diesen ganzen Ballast auch noch mit sich rum.* Ich sage Ihnen ehrlich, Sie kriegen nirgendwo Kredit.«

War ich sauer, wütend auf ihn und seine zügellosen Bemerkungen? Ach was, ich war ihm beinahe dankbar. Endlich wusste ich, warum bisher trotz meiner – wie ich in aller Bescheidenheit sagen darf – guten Ausbildung mit glänzenden Zeugnissen keine Bank bereit gewesen war, mein Projekt zu unterstützen. Endlich lagen die Gründe klar und deutlich auf dem Tisch. Zwei Gründe: Erstens, Sie machen was für Kinder, Mensch, damit verdient man doch kein Geld! Und zweitens, wichtiger: Der *Ballast*, die eigenen Kinder!

Mit »so was« kann man einem Finanzberater nicht kommen, wenn man in das moderne Wirtschaftsleben eintauchen will, nüchtern und kreativ, arbeitswütig und repräsentabel. Frau und Kinder, wie das schon klingt! Nach Küche, Abfalleimer, Schulsorgen – in so etwas investieren wir nicht …

Ich übertreibe? Aber nein, keine Spur.

Bei einer anderen Bank, die auch ablehnte – »Kinderpsychologie? Das können wir uns rein ökonomisch aber überhaupt nicht vorstellen!« –, erkundigte ich mich beim Fortgehen freundlich: »Aber wenn ich eine Lolita-Bar in Lüneburg aufmachen will, dann habe ich Aussicht auf Kredit, ja?«

Die Antwort, nicht minder freundlich: »Na, darüber könnte man doch reden!«

Es sollte natürlich nur ein Witz sein …

# »Haben Sie etwa Kinder?«

Noch ein Beispiel. In einer Wochenendbeilage in der »Neuen Presse«, Hannover, gab eine Autorin unlängst sieben Tipps für jobsuchende junge Frauen. Die ersten sechs brauchen uns nicht zu interessieren. Der siebte handelte vom Albtraum aller Personalchefs: Was, wenn die neu eingestellte Frau ein Kind bekommt? Intuitiv erfasste die Autorin, dass selbst auf die vage Andeutung einer möglichen Schwangerschaft hin jeden durchschnittlichen Wirtschaftsboss ein heftiger Schock durchzuckt. Deswegen, empfiehlt sie, solle man das Thema besser gar nicht aufkommen lassen. Auf direkte Nachfrage eines Personalchefs seien, fuhr sie fort, unkorrekte Antworten gesetzlich erlaubt – eine mögliche Schwangerschaft zu verleugnen ist ja sozusagen eine Notlüge! Erst wenn dies alles fehlschlägt, müsse man wohl zugeben, dass auch ein Kind möglicherweise in der Lebensplanung eine Rolle spielen könnte. Dann aber solle die jobsuchende Frau sofort, so die Autorin, *sofort!* hinzufügen, dass sie »die Betreuung so gut organisieren werde, dass es keine lange Babypause gibt«.

Eine lange Babypause – wir reden von dem notwendigen mütterlichen Zusammensein mit dem Kleinkind – macht nämlich jede Jobsuche aussichtslos. *Man muss gleich wieder einsatzbereit sein!*

Nein, nein, zynisch ist die Schreiberin dieser Zeilen nicht. Nur realistisch. Genau so spielt es sich ab, Tag für Tag in Agenturen, in Banken und anderen Wirtschaftsbereichen. Die heimliche (und öfter, als Sozialpolitiker sich träumen lassen, offen ausgesprochene) Botschaft ist glasklar: Wer Kinder hat oder plant, ist selber schuld. Auf eine Karriere darf man nicht mehr rechnen. Und wer in einem Vorstellungsgespräch gar zu erkennen gibt, dass er als junge Familie mit *mehreren* Kindern rechnet, braucht sich nicht zu wundern, wenn er nicht eingestellt wird. Familie, das ist etwas für Sozialhilfeempfänger.

Manchmal sind ganz kleine, harmlose Texte in irgendwelchen Zeitungen informativer als lange wissenschaftliche Abhandlungen. Sie bringen auf den Punkt, wie es in unserer Gesellschaft um die Familie steht. Sie ist ein Hindernis, eine Hemmung. Eine junge Frau, die sich zu Kindern bekennt, hat ja offenkundig ihre Sinne nicht beisammen. Für den Wirtschaftsbetrieb ist sie jedenfalls nicht tauglich! Alles steht da, alles ganz offenkundig. Und manche Politiker fragen sich öffentlich und manche Wissenschaftler in umständlichen Forschungsprojekten, was denn junge Frauen davon abhalte, Kinder zu bekommen.

Die Antwort sieht man hier, in der Wochenendbeilage einer Provinzzeitung.

# Kinder schützen? Guter Mann, wir haben wirklich Wichtigeres zu tun ...!

Und weitere Denkbilder: Eines Tages nahm mich der Beauftragte für Verkehrswacht, der in unserem Bezirk für die Schulkinder zuständig ist, mit zu einer in der Nähe gelegenen Grundschule. Er zeigte auf den gesicherten Straßenübergang, der für die Kleinen eingerichtet ist. Rechts und links von diesem Zebrastreifen befanden sich große, unübersehbare Halteverbotsschilder, überdeutlich auf das Pflaster gezeichnet. Sie sind notwendig und sollen den Straßenübergang für die vorbeifahrenden Autos freihalten. Zwischen parkenden Autos können Kinder leicht übersehen werden.

Sie sind ja so klein!

Wenn sie sich zwischen zwei Autos hindurch auf den Zebrastreifen drängeln, kommt es rasch zu Unfällen. Jeder weiß das. Dreimal besuchten wir diesen Straßenübergang vor dieser Grundschule. Dreimal waren die Halteschilder kaum zu erkennen. Warum? Sie waren zugeparkt. »Wissen Sie, wer hier parkt?«, fragte der Polizist. Ich konnte es mir schon denken. Morgens und mittags sind es Eltern, die ihre Kinder zur Schule bringen oder abholen. Sie nehmen sich einfach nicht die Zeit, sich einen anderen Halteplatz zu suchen. Direkt vor dem Schultor und eben auch direkt vor diesem Zebrastreifen (der zum Schutz ihrer eigenen Kinder angebracht ist) halten sie an. Der nächste Termin wartet, der Chef wird ungeduldig. Für die umständliche Suche eines Parkplatzes ist ja keine Zeit. Da muss man eben auf diesem Halteverbotschild parken, mitten darauf! Da muss der Schutz der Kinder eben für einen Augenblick oder eine halbe Stunde vergessen werden.

Instinktiv scheint sich in der Mentalität dieser Eltern eine Reihenfolge der Wichtigkeit festgesetzt zu haben, die so aussieht: Erst die Termine, erst die Pünktlichkeit und dann erst folgen die Sicherheit und die Gesundheit unserer Kinder. Die Kinder ganz zuletzt! *Das ist die geheime Regel unserer Kultur.* Sie infiziert die Eltern. Sie betäubt die Elternliebe.

Szenenwechsel: eine Verkehrskreuzung. Irgendeine. Sie können in irgendeiner Großstadt in Deutschland an irgendeiner großen Kreuzung innehalten und um sich schauen: Sie werden immer dieselbe Beobachtung machen. Eltern auf ihrem Fahrrad, ihre Kinder auf dem Rücksitz geklemmt. Manche sind knapp zwei, manche drei oder vier Jahre alt. Mama oder Papa drängeln sich zwischen den Fußgängern her, sie beachten das Rotlicht der Ampel nicht, haarscharf gleiten sie noch an anfahrenden Autos vorbei. Bloß nicht anhalten, bloß nicht zur Ruhe kommen.

Diese schwitzende Ruhelosigkeit erfasst auch die Kinder. Manche sitzen wie starr auf ihrem eingeklemmten Rücksitz, andere wedeln aufgeregt mit den Ärmchen hin und her. Was mich empört und eigentlich auch überrascht, ist die Tatsache, dass ihr Kleines auf dem Rücksitz für manche jungen Eltern überhaupt kein Anlass zu sein scheint, ihre Geschwindigkeit zu drosseln, Vorsicht walten zu lassen.

Wie betäubt wirken sie, beachten die Ampel nicht, achten auch nicht auf andere Fußgänger, andere Kinder, andere Elternpaare. Sie sind im buchstäblichen Sinn rücksichtslos. Sie teilen es ihren Kindern mit.

Die Kleinen machen die Erfahrung, die ich vorhin schon skizziert habe: Bunt und wirbelnd, aufgeregt und tönend –

und immer bedrohlich! – ist diese Umwelt. Eine Ordnung gibt es in ihr nicht. Da kann man den kleinen Kopf anstrengen, wie man will. Alles geht durcheinander. Diese Erfahrung prägt sich dem kindlichen Gehirn ein und markiert seine Entwicklung.

Dasselbe gilt für die hektische Rücksichtslosigkeit, die die Eltern vorexerzieren. Natürlich lernen die Kinder an ihrem Beispiel, dass es nur darauf ankommt, das eigene Ziel zu erreichen. Was sich in den Weg stellt, wird entweder geschickt umrundet, notfalls weggeschubst. Dem wird jegliches Eigen-Recht bestritten.

So zeichnet sich ein »Welt-Bild« in die kleinen Köpfe ein: egoistisch ist es und extrovertiert. Ausgeliefert an äußere Reize, insofern in extremer Weise anpassungsfähig und in extremer Weise selbstbezogen.

Es ist immer dasselbe Grundmuster, über viele Kanäle, und leider auch und besonders über manche Eltern, wird es an die Kleinen weitergegeben. Sie sind ihm hilflos ausgeliefert.

Alles nur kleine Bilder, »Denkbilder«, Momentaufnahmen. Sie beschreiben das Wechselverhältnis von gesellschaftlicher Kultur und familiären Bindungen und deren Zerreißen. Sie machen für jedermann sichtbar, wie die Nervosität und das rücksichtslose Re-Agieren schon in die jüngsten Gehirne gepresst werden. Man muss die Augen nur offen halten.

Wo die elementaren Bindungen zerreißen, da fliehen die Kinder. Sie fliehen in ihr kleines, unfertiges Ego, in dem sie aber auch keine Ruhe und keinen Halt finden können. Dann werden sie unruhig, manchmal aggressiv.

Sie greifen ruhelos nach allem und jedem und haben an nichts Freude. Sie wollen sich am liebsten voll stopfen und das tun sie auch. Sie stopfen in den Mund, was herumliegt. Sie füllen ihre Gehirne mit den rasanten Bildern im TV, der

Werbung, den Computern. Sie stopfen die Leere zu, aber sie werden nicht »satt«.

Natürlich können diese Kinder später ihre »Impulse« nicht kontrollieren. Man spricht dann – vor allem bei den Jungen – von hyperaktiven Kindern oder von Kindern mit »Aufmerksamkeitsdefiziten«. Dies alles benennt aber die Ursachen nicht.

*Eine* zentrale Ursache liegt zweifellos darin, dass sie schon bei ihren ersten Erkundungsschritten eine Welt kennen lernen, die jedes Sinnes entbehrt. Eine wirre, sinnlose und rücksichtslose Welt. In solch einer Welt kann man keine Verlässlichkeiten bilden. Damit kann man auch seine Fähigkeit, zu denken, wahrzunehmen, sich zu erinnern, nicht *verankern*. Elementare Gehirnleistungen bleiben untrainiert oder laufen ins Leere. Anders gesagt, in solch einer Welt kann sich ein Kind mit seinen Entwicklungskapazitäten nicht »spiegeln«.

Zwischen solcher Umwelt und dem Kind-Ich besteht eine Diskrepanz, ein Abgrund, ein Riss. Später lässt er sich nicht mehr zuschütten.

Die von vielen Seiten beobachtete Dissozialität unserer Kinder ist, einfach gesagt, ein Spiegelbild der allgemeinen gesellschaftlichen Dissozialität. Eine rücksichtslose Sozialkultur erzieht ihren Nachwuchs. Was haben wir denn erwartet?

# Kälteschatten

Mutterliebe ist so natürlich wie Tag und Nacht, wie das Wechselverhältnis von Sonne und Mond, schrieb ich. Bedeutet dies, dass man sich als Mutter um nichts Sorgen machen muss, sondern einfach nur seinen Intuitionen folgen muss? Und dann wird schon alles gut? Nein, ganz so einfach liegen die Dinge nicht.

Zunächst einmal ist es nicht falsch: Mütterliche Intuition reicht weit und tief. Sie weiß mehr von ihrem Kind als irgendein Mensch auf der Welt. Vor allem wissen Mütter (und auch Väter) sehr viel mehr von den seelischen Feinheiten, als alle »Experten« jemals erfassen werden, mehr als die Lehrer, mehr als die Erziehungsberater und mit Sicherheit mehr als alle Kinderpsychiater auf der ganzen Welt. Dies gilt es zunächst einmal festzuhalten.

Aber Intuitionen sind ihrerseits aus feinem Stoff gewebt. Sie sind empfindlich, verletzlich, können leicht gestört werden. Dann wird aus der Intuition eine Fehlinformation. Dann glaubt Mama, nur das Beste für ihr Kind zu wollen. In Wahrheit folgt sie aber nicht ihrer Intuition für das Kind, sondern nur irgendwelchen kulturellen Normen, die sie vielleicht aus Büchern oder dem Fernsehen, vielleicht aus den Gesprächen und Ratschlägen von Freundinnen und Verwandten hat.

Hektik und Chaos im familiären Alltag führen ebenfalls dazu, dass die elterliche Intuitionskraft unverlässlich wird. Allzu oft kann man beobachten, wie Mama auf der einen und ein Kind auf der anderen Seite sich wechselseitig verhaken und in Trotz erstarren. Wie aus kleinen Anlässen große Kinder- und Familientragödien werden. Dann hilft Intuition allein nicht weiter.

In einer kinderfreundlichen Gesellschaft, die eingebettet wäre in einer familienfreundlichen Kultur, würde man sich sehr viel mehr auf die elterlichen Gefühle verlassen können. Aber so ist unsere Gesellschaft nicht. Sie ist Kindern und Familien gegenüber feindlich gestimmt.

Sie behindert und begrenzt Familien, wo sie nur kann: Permanent fällt aus der sozialen Kultur unserer Zeit ein Kälteschatten auf das Leben der Familien, auf das Miteinander von Eltern und Kind. Diese Kälteschatten hinterlassen Spuren. Nicht alle Eltern haben die Kraft, sich gegen sie zu schützen.

Oft werden gerade die kältesten, gefühllosesten Normen und Forderungen, die aus einer erstarrten Leistungskultur oder aus einer der kultusbürokratischen Idiotien stammen, von unerfahrenen jungen Eltern verinnerlicht. Sie glauben dann wirklich, dass ein Kind mit zwei Jahren sprechen muss oder unbedingt ein Sprachförderprogramm benötigt. Sie übernehmen Einschätzungen, die meist einem sturen Normmodell von kindlicher Entwicklung entsprechen, und glauben dann wirklich, dass ihr Kind entwicklungsverzögert oder sonst was sei. Sie halten die dümmlichen Fragebögen, die jeder winzigsten Unterstützung von irgendwelchen Behörden unvermeidlich auf dem Fuß folgen, für gerechtfertigt. Sie glauben schließlich selber daran, dass Kinder eine Frau unattraktiver erscheinen lassen.

Kälteschatten, sie werden an das Kind weitergereicht. Beschwerden der Lehrer werden unumwunden dem Kind als Schuld angerechnet, die Ratschläge von Freundinnen werden unmittelbar zu Normvorstellungen, denen ein Kind folgen muss. Dazu kommen die rivalisierenden Vergleiche –

was kann mein Kind und was kann deines nicht, warum spricht mein Kind mit zwei Jahren noch nicht, warum fährt es mit vier noch nicht Rad? Ist das *normal?* –, schon im Kindergarten beginnen sie und setzen sich unter den Leistungszwängen der Schule fort, wo sie tausend und mehr Kindertragödien entfachen.

Das Gleichgewicht der Gefühle zwischen Mutter und Kind und Vater und Kind entgleist, wenn die soziale Kultur um eine Familie herum bis in ihre feinsten Verästelungen hinein kinderfeindlich ist. Das innere Ohr und das innere Auge der Eltern richten sich vom Kind weg auf die gesellschaftlichen Anforderungen, gesellschaftlichen Normen und Bewertungen. So entstehen Störungen, Kränkungen, Angstfantasien. Oft können Familien sie aus eigener Kraft nicht wieder reparieren.

Dies alles setzt meine grundlegende Behauptung von der »Intuitionskraft«, die der elterlichen Liebe entspringt, keineswegs außer Kraft. Aber bei Menschen ist es so, dass sie das, was ihnen in die Wiege gelegt wird, anschließend kulturell erarbeiten müssen. Es muss unter ungünstigen Bedingungen verteidigt und innerlich gefestigt werden – und Elternliebe findet extrem miese Bedingungen vor. Das gelingt nicht jedem. Es gibt sie, die *natürliche* Liebe zwischen Eltern und Kindern, aber sie muss *bestätigt* werden in jeder Stunde, die man gemeinsam verbringt. Dieser Prozess setzt sich ein Leben lang fort. Die Mutterliebe der ersten Stunden nach der Geburt und die der Mama eines Dreijährigen sind vielleicht ein und dieselbe menschliche Kraft, aber sie werden jeweils ganz anders gelebt. Tausend Gefahren drohen ihr, innere und äußere. Alte Kulturvölker und Stammesgemeinschaften wussten dies... In unserer Kultur dagegen gibt es keinen Schutz. Aber es gibt diese Kälteschatten.

07

# DU SOLLST MICH ERKENNEN

# Schreien aus Kummer

Das Schreien eines Kindes wird oft nicht als ein Zeichen, ein Signal, eine Suche nach Kommunikation verstanden, sondern einfach als Störung. Aber es ist ein Signal, manchmal nervtötend-laut, darüber dürfen wir aber nicht vergessen, dass dieses Kind sehr klein und seine Seele sehr empfindlich ist. »Empfindlich« heißt hier, dass alle Freude und Neugier, aber auch aller Kummer und alles Verlorensein in die unfertige kleine Psyche hineinfließen und aus eigener Kraft gar nicht verarbeitet werden können. Deshalb braucht ein Kind Mama oder Papa oder eine ganz vertraute Person, wenn es schreit, wenn es sein Unwohlsein, seine Unvertrautheit mit der Welt oder irgendeinen anderen Kummer zum Ausdruck bringt. Kinder lernen mit diesem »Zum-Ausdruck bringen« außerdem auch, zu kommunizieren, über Freude und Trauer, mit sprachlichen und nicht sprachlichen Mitteln, sie lernen, sich mitzuteilen und lernen sich selber kennen.

Wenn ein Kind, im Buggy sitzend, den Kopf von der Mutter abgewendet und einer jetzt kalt erscheinenden Welt zugewendet, schreit, dann sollten die modernen Eltern, die so sehr auf Förderung bedacht sind, verstehen, dass sie jetzt die Fähigkeit des Kindes, Sprache zu entwickeln, Kommunikation und »soziales Verhalten« zu entfalten, aufs Spiel setzen können. Denn das Nichtbeachten des kindlichen Ausdrucks schlägt sich in einer gewissen Taubheit der kindlichen Intelligenz nieder. Das lässt sich gar nicht vermeiden. Wohin immer die Mutter eilte, das schreiende Kind vor sich herschiebend, ohne einen Blick, vielleicht hastig, vielleicht in Sorge, vielleicht aus irgendwelchen anderen Gründen voller Unruhe, gleichwohl sollte sie verstehen, was sie jetzt tut. Sie behindert die Entwicklung des Kindes, die geistige und seelische, und sie hinterlässt eine kleine taube Stelle in der seelischen Ordnung ihres Kindes. Das Kind wird diese kleine taube Stelle überspielen können, wenn es später wieder freudig in Mamas Arme kommt. Summieren sich die tauben Stellen aber, dann gerät ein Kind sehr früh in etwas, das man »Mini-Traumata« nennt. Viele »Mini-Traumata« führen zu einem hartnäckigen, tief verankerten Trauma. Dann sind Probleme im Verhalten und im Lernen geradezu programmiert. Wenn man all das bedenkt, kann man zu der Meinung gelangen, dass es auch für diese Mutter – wie sehr sie auch in Eile war! – besser gewesen wäre, dem Schreien des Kindes zuzuhören und den Signalen des Kindes zu folgen. Vor allem aber wäre es die liebevollere Geste gewesen, das liebevollere Verständnis, auch das muss man nämlich üben und trainieren, und wenn man es zu oft versäumt, dann trainiert man es sich selber ab.

Und jetzt stellen wir uns vor, diese Mutter hat zu allem Unglück auch noch den Gehorsamspädagogen, den ahnungslosen, unempfindlichen, zugehört. Sie ist der Meinung, das Kind dürfe nicht schreien, weil Schreien gegen die Regeln verstößt.

# Die schlimmste Strafe: Nichtbeachtung

Nichts ist für ein Kind so schrecklich wie Nichtbeachtung. Das gilt für die ganz kleinen Kinder, für größere ebenso. Kinder (und Menschen überhaupt) sind darauf angewiesen, dass sie von anderen Menschen gesehen und erkannt werden. In dem Erkanntwerden durch andere findet ein Mensch erst seine Sicherheit. Erst dadurch fühlt er sich als ein Wesen, das sozial akzeptiert und als Person geliebt ist. Die Suche nach Anerkennung treibt uns auch als Erwachsene um. Unser ganzer Ehrgeiz, unser berufliches Streben, bis zu solch skurrilen Streitigkeiten und Rivalitäten der Art, wer in der Firma den größeren Schreibtisch hat, gehören in diesen Zusammenhang. Sie werden so verbissen geführt, weil wir ohne Anerkennung gar nicht existieren können. Vom ersten Lebenstag an sind wir soziale Wesen, wir sind immer bezogen auf und abhängig von anderen Menschen.

Anerkennung benötigen wir ebenso wie das tägliche Brot. Und Nicht-anerkannt-Werden ist neben Hunger und Durst das ärgste Übel, das uns zustoßen kann. Wie in allen Dingen, so sind auch hier die Kinder besonders empfindsam.

Wenn Mama in den ersten Lebensmonaten ihr Kind nicht auf die richtige Weise und nicht innig genug »anerkennt«, dann lernt dieses Kind sich selber nicht »kennen«. Es weiß dann buchstäblich nicht, wer oder was es ist. Dies erklärt sich aus dem Vorgang, den ich am Anfang des Buches schon geschildert habe.

Es ist nicht so, dass ein Kind – ein Kleinkind oder Säugling – nur Bedürfnisse hat, die dann bei Mama befriedigt und »gestillt« werden, das ist nur ein Teil der Entwicklung. Es ist auch nicht so, dass das Kind Versagung oder Befriedigung bei Mama kennen lernt und sich dadurch entwickelt. Die Verbindung zwischen Mama und Kind geht noch einen wichtigen Schritt tiefer.

Wenn Mama auf die Gesten, die Mimik und die Laute ihres Kindes reagiert, dann *bestätigt* sie diese Laute, diese Mimik, diese Gestik. Nein, auch das ist noch zu wenig gesagt. Man kann es vielleicht so formulieren: Ein Kind gibt mit Mimik und Lauten zu erkennen, wie es sich fühlt, aber *erst wenn Mama antwortet, wird einem Kind zur inneren Gewissheit, was seine Laute, seine Mimik, seine Gesten wirklich ausdrücken sollten.*

Es ist nicht so, dass eine fertige innere »Botschaft« – So und so geht es mir heute, Mama! Ich bin heute sehr neugierig oder einfach müde und still! – im Kind bereitliegt, die es mit seinem Schreien oder seinem Lächeln zum Ausdruck bringt. Es ist vielmehr so, dass in einem Kind alles gleichsam probehalber passiert. Zaghaft ist sein Lächeln, vorsichtig verzieht sich das Gesicht zu einem *möglichen* Weinen; wenn Mama auf das Weinen aber mit freundlichem Lächeln antwortet, dann kann sich das kleine Gesicht in Sekundenschnelle zu einem breiten Strahlen verwandeln. Und umgekehrt gilt dasselbe: Das freundlichste Grinsen des Babys kann, wenn es von Mama mit einem steifen oder abweisenden Blick beantwortet wird, zum bitteren, kummervollen Weinen führen.

Wir müssen verstehen, dass das Kind sozusagen erst über die Reaktion von Mama begreift, was es *in Wahrheit* hatte ausdrücken wollen. Das Lächeln war probehalber, das Weinen auch.

Das Kind experimentiert gleichsam, welche seiner Gesten

oder Ausdrücke von der Umwelt aufgenommen und »anerkannt« werden. Mit diesem anerkannten Gesichtsausdruck oder anerkannten Laut – mit der Antwort aus seiner intimsten Umwelt also – identifiziert es sich dann. Aha, dies bedeutete mein Lächeln, dies mein Weinen, so fühle ich mich also jetzt. Ich lese es von Mamas Gesicht ab. Die Intensität und Abhängigkeit des Kindes von seiner Mama-Bindung gehen weit über das hinaus, was wir uns als Erwachsene noch wirklich vergegenwärtigen können. Dieses Kleinkind *ist*, was Mama in ihm sieht und wie sie es *an*sieht.

So ist das also, sogar das Fühlen, die Bedürftigkeit bis in die feinsten Gliederungen und innigsten Wünsche hinein lernen wir anfangs über das Miteinander, über die Kommunikation. Sie sind nicht einfach *da*! Sie werden erworben, im Zusammenspiel mit anderen: Deshalb können Menschen später nicht über längere Zeit einsam sein, ohne unglücklich zu werden. Denn die Einsamkeit ist der tiefste Verstoß, die tiefste Kränkung, die gegen ein Ich gerichtet werden kann. Das Ich selber ist ja ein soziales Ich. Ohne Antwort, ohne Kontakt stürzt es sozusagen ins Leere. Diese Leere, diese Dis-Sozialität ist die größte Gefahr von allen.

Kurzum, Anerkanntwerden steht im Zentrum des kindlichen Lebens, dies ist die Substanz, aus der Selbstgewissheit und Selbstbewusstsein hervorgehen.

Der amerikanische Psychologe Rochat formulierte zugespitzt so: Jede Mutter erschafft sich *ihr* Kind. Die Spiegelungen sind so innig, dass zwischen der einen und der anderen Seite des Spiegels nicht recht unterschieden werden kann. Wir leben immer auf beiden Seiten, wie Alice im Wunderland immer auch »hinter den Spiegeln«. Wir sind immer das, wozu wir gemacht worden sind. Dies alles geschieht auf der Folie des existenziellen Bedürfnisses, anerkannt zu werden.

Nun gibt es viele Arten, ein Kind nicht anzuerkennen. Einige liegen offen auf der Hand. Manche gelten in den allgemeinen Vorstellungen von einer »guten Mutter« oder einer »guten Erziehung« als eindeutig unerlaubt. Dazu gehört das Schlagen von Kleinkindern, dazu gehört das laute und keifende Schimpfen. Dies alles wirkt auf alle Menschen extrem unangenehm, man spürt sofort, dass einem Kind damit geschadet wird. Dies alles sollte nicht sein.

Aber es gibt zugleich verborgenere Arten des Nichtanerkennens und sie schmerzen genauso. Jeder von uns erinnert sich wohl an das eine oder andere Gespräch, von dem ein merkwürdig befremdliches Gefühl zurückblieb, das man sich gar nicht ganz erklären konnte. Das waren dann Gespräche, in denen der Gesprächspartner zwar rein äußerlich zustimmte oder mindestens höflich reagierte, mit dem Kopf nickte und sogar in die Augen schaute, und trotzdem wurde man das Gefühl nicht los, dass er die ganze Zeit an etwas anderes gedacht oder eine stille Missbilligung versteckt hatte, dass er noch beim Blick in die Augen gar nicht »mich, sein Gegenüber« ansah, sondern nirgendhin oder zu anderen Leuten (interessanteren!) schaute. Gerade diese gleichzeitige Intimität beim Austausch der Blicke und die Gleichgültigkeit des Gegenübers sind schwer zu ertragen. Schon ein zufälliger missbilligender Blick beunruhigt uns, wenn er uns nur auf der Straße oder im Café streift. Aber ein Blick, der uns nicht beachtet, der sozusagen durch uns hindurchgeht, verstört geradezu. An all dem mag man die tiefe Bedeutung des Angeschautwerdens ablesen.

Solche Beunruhigungen im Erwachsenenleben sind aber geringfügig, verglichen mit der tiefen Irritation und inneren Verwerfung, die ein Kleinkind erfasst, wenn es dasselbe bei seiner Mama erleben muss. Wir müssen uns dies möglichst eindringlich vor Augen halten: »Mama spielt mit mir« ist ein riesengroßes und bedeutungsvolles Angebot. Baby greift freudig danach. Wenn sich nun aber während des Spiels erweist, dass Baby mit seinen Gefühlen, Wünschen und seinem Spieleifer dabei gar nicht anerkannt wird, dass seine Spiellaune und seine Spielintelligenz von Mama gar nicht wirklich gesehen und beachtet werden – dann bahnt sich eine kleine seelische Katastrophe an.

Solche Kinderkatastrophen passieren, wenn Mama beim Zusammensein mit ihrem Kind immer *noch mehr* im Kopf hat als ihre Intuition für das Spiel, wenn sie noch ganz andere Ziele verfolgt, die ihr Kind nicht versteht, und damit die Freude am Zusammensein stört. Vielleicht hat Mama beispielsweise ganz präzise Vorstellungen davon, was ihr Kind mit sechs Wochen oder sechs Monaten oder drei Jahren alles können müsse, und überprüft diese Meinung jetzt während des Spielens permanent (»Müsste mein Kind nicht schon vier Bauklötzchen aufeinander stellen statt nur zwei?«). Oder sie achtet fortwährend darauf, wo und wann sie ihr Kind an allen Ecken und Enden fördern kann – wenn das so passiert, dann sind solche verunglückten Spiele mit nachfolgender Seelenkatastrophe geradezu programmiert. Wenn das Spielzeug, das vor einem Kind aufgebaut wird, insgeheim einem pädagogischen oder motorisch oder kognitiv fördernden oder sonst einem Ziel dient (weil Mama vielleicht einen wertvollen Hinweis in einer Elternzeitschrift gelesen hat oder weil sie blind den »pädagogischen« Anleitungen auf der bunten Rückseite des Spielzeugkartons vertraut), dann kommt Baby eben nicht *wirklich* zum Spielen. Dann wird das Bedeutsame am Spielen versäumt.

Und was ist das Bedeutsame? Nun, das sind natürlich Babys Lust am Umgang mit den Dingen und Babys Freude an seiner Geschicklichkeit, doch dies alles wird für das Kleine ja erst zu einer seelischen Realität, wenn es von Mama gesehen und beantwortet und in Mamas Gesten »gespiegelt« wird. Wenn aber junge, unerfahrene Mütter nun permanent versuchen, ihr Kind auf eben dieses oder jenes pädagogische Ziel hinzulenken, wenn sie ihr Kind, mit anderen Worten, nicht als spielendes annehmen, sondern in ihm immer nur das »zu fördernde« sehen kann, dann – ja dann wird es nicht anerkannt und sein Eifer erstickt.

Babys Spiel ist tiefer Ernst. In seinem Spiel findet Baby seine Geschicklichkeit und seinen Stolz, seine Selbstgewissheit und wartet darauf, dass Mama dies alles erkennt und damit für Baby zur inneren Gewissheit werden lässt. Das fatale pädagogische Spielzeug mit den *fremden Zwecken* aber lenkt Mama permanent von ihrer Aufmerksamkeit ab. Nicht das Kind wird gesehen, sondern nur seine Befolgung der pädagogischen Zielvorgabe. Ja, möglicherweise »lernt« ein Kind dabei das eine oder das andere sogar (das es aber ohnehin im Laufe der nächsten Wochen oder Monate gelernt hätte), doch in jedem Fall *ver*lernt es, sich in seinem Spiel die Gewissheit im Umgang mit der Welt zu verschaffen und dabei eine tiefe innere Bestätigung zu spüren. Solche Bestätigungen aber sind es, die einem Kind die Kraft geben, sich über Mama hinaus neugierig und vorbehaltlos der Welt zuzuwenden, neue Räume des Spiels und der Symbole zu eröffnen – kurzum, seine Intelligenz zu erweitern. Ist es nicht ein schlechter Witz? Ausgerechnet der pädagogische Fördercharakter des Spielzeugs unterläuft Babys kreative und emotionale Intelligenz. Das Kind wird behindert.

# Wo ist denn das Kind?
## Hier bin ich doch!

Ich will zur Illustration des Themas »Nichtbeachtung« und »Nichtanerkennung« eine kleine Szene hinzufügen, die ich vor vielen Jahren in einem dieser italienischen Schwarz-Weiß-Filme gesehen habe. Diese Filme entstanden alle in den 60er-Jahren, sie hatten eine große Kühle, eine ästhetische Weite und zugleich ein enormes Feingefühl für menschliche Details, sozusagen eine sanft-sensible Klarsicht. Ich erinnere mich an den Titel des Filmes nicht, ich weiß nicht einmal mehr, worum es in der Geschichte ging. Ich erinnere mich nur an eine Szene, sie war einprägsam genug.

In dieser Szene kamen ein kleiner Junge und sein großer Onkel vor – sie plaudern miteinander, quatschen und haben Spaß inmitten einer Geburtstagsfeier, viele Verwandte sind um sie herum, die alle kreuz und quer durcheinander reden. Der Kleine, vielleicht sechs oder acht Jahre alt, ist quietschvergnügt. Plötzlich fällt dem Onkel ein Spiel ein. Es ist, nebenbei bemerkt, eine Variante des »Fort-Da«-Spiels, von dem bereits die Rede war. Der Onkel tut unvermutet so, als sähe er den Kleinen nicht mehr. Er schaut ihn an und ruft in die Runde: »Wo ist denn Giovanni?« Der Kleine erschrickt, dann versteht er das Spiel, er grinst breit und will sich verstecken. Der Onkel folgt ihm mit seinem Blick und wiederholt die Frage: »Giovanni, hat ihn jemand gesehen?« Die umstehenden Cousins und Kusinen bekommen das Spiel mit, sie lächeln, sie meinen es ja nur gut, sie wollen sich beteiligen. Sie schauen ebenfalls auf das Kind und drehen dann den Kopf zur Seite, einer sagt:»Giovanni? Den habe ich nicht gesehen.«»Nein, nein«, antwortet ein anderer.»Giovanni ist nicht hier. Ich sehe ihn auch nicht.« Der Kleine wird unruhig, er bewegt sich aus seinem Versteck hervor, er zupft am Hosenbein des Onkels und sagt zaghaft: »Hier bin ich doch!«

Doch der Onkel setzt das Spiel fort, die umstehenden Verwandten auch.»Giovanni ist einfach nicht da, ich weiß nicht, wo er ist«, wiederholt der Onkel und die anderen Gäste nicken, sie nicken immer weiter, sie tun so, als würden sie das Kind nicht sehen, nicht»erkennen«, also nicht»anerkennen«, der Kleine zerrt verzweifelter an dem Hosenbein und ruft:»Ich bin doch hier! Siehst du mich nicht?« Jetzt wäre der letzte Augenblick gewesen, an dem das Spiel noch hätte abgebrochen werden können, ohne das Kind zu erschrecken. Aber der Augenblick wird verpasst. Die Erwachsenen finden Gefallen an ihrem Spiel, sie erkennen die Erbarmungslosigkeit ihres»Nichtsehens« nicht, sie schütteln weiter den Kopf, einer wie der andere:»Giovanni ist nicht zu sehen! Wo ist er bloß?« Das Kind ruft noch einmal, nun schon in Panik:»Hier! Ich bin doch hier«, und dann brüllt es laut und wild los. Die Erwachsenen halten erschrocken inne, was hat der Junge nur?

Dies ist ein einfaches, aber sehr eindringliches Beispiel dafür, wie sehr wir in jeder Minute darauf angewiesen sind, gesehen und anerkannt zu werden, besonders von den Menschen natürlich, an die wir unser Herz gehängt haben. Wenn sie uns die Anerkennung verweigern, dann bricht unser Herz entzwei, unser Selbstgefühl zerfällt, unsere Welt geht in Scherben. Und nun wollen wir zum Schluss überlegen, wie oft wir gerade den ganz kleinen Kindern eben dieses»Nicht-anerkannt-Werden« zumuten.

# Keine Zeit, keine Zeit

Eine andere Form des Nichtanerkennens ist die Hektik. Möglicherweise ist sie in der Entwicklung der modernen Kinder ein sehr viel bedeutenderer Störfaktor, als uns zu Bewusstsein kommt. Hektik kann man ja nicht messen. Hektik ist nichts, was Eltern sich vorgenommen haben und bewusst-absichtsvoll verfolgen, insofern taucht sie normalerweise in Beratungsgesprächen auch nicht als Problem auf.

Dabei prägt sie zahllose Familien bis in die feinsten Gliederungen hinein, auch wenn dies so gut wie nie thematisiert wird. Reden wir also von der Hektik!

Mama hat es eilig, aber das Kind will spielen. Ich habe schon gesagt, dass das kindliche Spiel einen ungemein ernsthaften Charakter hat. Spiel ist Arbeit, Spiel ist Welterwerb. Ein Kind darf dabei möglichst nicht gestört werden. Das lässt sich natürlich nicht immer durchhalten, manchmal muss man es aus seinem Spiel herausführen. Aber »führen« ist etwas anderes als heraus-»reißen«. Dies genau geschieht, wenn Mama in Hektik ist. Und schauen wir uns nur um: Die modernen Familien und Mütter sind eigentlich permanent im Stress.

Mama hat einen Termin, aber ihr Kleines spielt. Es freut sich gerade wie ein König darüber, dass es in der Lage ist, ein Papier an vier Ecken zu falten. Das ist in der Tat ein gewaltiger kognitiver Schritt. Er ist ungefähr zu vergleichen mit dem Verfassen eines Aufsatzes für eine Fachzeitschrift. Nun stellen Sie sich vor, Sie sind soeben dabei, Ihren außergewöhnlich klugen Gedanken zu folgen und sie in schwungvoller Weise aufs Papier zu bringen, um das Produkt dann stolz sich selber oder Ihrer Frau oder sonst jemandem vorzulegen. Sie freuen sich während des Schreibens insgeheim schon, welche Augen Ihre Frau oder Ihr ehemaliger Professor, der Ihnen nie etwas Rechtes zutraute, angesichts dieses perfekten Produktes machen werden. Und plötzlich kommt einer von den beiden und sagt desinteressiert: »Schluss jetzt, wir müssen los. Ich hab's eilig!« Würden Sie sich nicht wehren? Wären Sie nicht verzweifelt? Natürlich wären Sie das!

Eben dies passiert dem Kind, wenn es bei seiner mühsamen Faltarbeit unterbrochen wird. Mama hat kaum einen Blick für das halbfertige Produkt, sie ist ja in Hektik. »Es ist schon kurz vor 15 Uhr, ich muss jetzt aber dringend los«, sagt Mama möglicherweise und das Kind versteht kein einziges Wort. Egal, ob es noch ein Baby, ein Kleinkind oder fünf Jahre alt ist: es ist auf jeden Fall bitter, bitter enttäuscht.

Die ganze Vorfreude erstirbt im Nichts, Mama hat für ihr Kind, für seine Mühe, seine Anstrengung nicht das geringste Interesse. Mama hat es eilig und das ist alles.

Die Nichtbeachtung beginnt damit, dass die Faltarbeit des Kindes so unvermittelt und rücksichtslos unterbrochen wird. Sie setzt sich anschließend unvermindert fort. Die Jacke oder der Anorak wird übergestreift, mit einem Blick auf die Uhr. Während Mama sonst beim Ankleiden ihr Kind fünfmal auf die Stirn und die Nase küsst oder wenigstens freundlich anschaut, hat sie jetzt auch dazu keine Zeit. Das Kind ist noch innig damit beschäftigt, seine Enttäuschung still herunterzuschlucken und nicht loszubrüllen, doch nicht einmal für *diese* seelische Anstrengung bekommt es von Mama die geringste Bestätigung.

Mama schaut es gar nicht an, sondern auf die Uhr, während die Jacke übergestreift oder die Mütze auf den Kopf gezogen wird. Dann poltern beide die Treppe runter. Plötzlich fängt das Kind an zu weinen und Mama ist ratlos. Warum weint das Kind? Der Grund ist natürlich diese sinnlose Eile (und wenn es noch so viel gute Erklärungen dafür gibt), Ursache ist die Tatsache, dass das Kind gleich drei- oder viermal innerhalb einer knappen halben Stunde nicht »anerkannt« worden ist. Das hält kein Mensch aus, ein kleines Kind schon mal gar nicht. Es muss schreien, sonst versacken die ganze Kränkung und Enttäuschung tief in seiner Seele und das würde ihm schaden. Das Kind weiß das nicht, fühlt aber, dass es explodieren würde, wenn es jetzt nicht losbrüllt. Und Mama? Mama begreift (erkennt) es immer noch nicht, sie ist ratlos.

Nur ein kleines Beispiel, wie vielfältig das Nichtanerkennen sein kann und wie fatal seine Folgen sind. Erziehung und Begabung zum Glück verbergen sich in den vielen kleinen Falten, den Details, den Ritzen und Ecken des Alltags. Dort wohnt das Glück oder wird verscheucht. Nicht die ganz großen Pläne und Absichten der Eltern sind es, die das Kind prägen. Es sind die Einzelheiten, die kleinen Gesten, die unbewussten Grobheiten und die verborgenen Liebeszuwendungen. Sie stärken und schwächen ein Kind. Sie tun es ein ganzes Leben lang.[3]

---

3 Vor einigen Jahren machte eine amerikanische Untersuchung Furore. Ein Forscherehepaar hatte in mühseliger Arbeit herausgefunden, dass die »Eltern ganz unwichtig« seien. Sie begründeten dies mit ihrer empirischen Forschung. Dort hatte sich nämlich gezeigt, dass die ganzen Pläne, Absichten, der Ehrgeiz der Eltern, und was dergleichen mehr ist, für die Entwicklung ihrer Kinder ziemlich bedeutungslos sind. Woraus man folgerte, dass Eltern überhaupt keinen Einfluss haben. Nun, die Forscher irren. Sie haben nicht verstanden, dass das wirkliche Leben nicht im Kopf, sondern in den Gesten, den Blicken, den Stimmen, den Berührungen passiert. *Dadurch* wirken Eltern auf ihre Kinder. *Das* prägt die Kleinen und lässt sie nicht wieder los. Freilich, in einem Punkt hatte das Forscherpaar schon ganz Recht: Was Eltern *bewusst* wollen, das spielt kaum eine Rolle!

# Humor hilft

Nun werden viele Eltern – vor allem die Mütter, die immer gleich ein schlechtes Gewissen haben – fragen, wie es ihnen denn gelingen soll, den ganzen Tag lang eine Intuition nach der anderen aufzubieten und auf jede Geste, jeden Laut und jede Regung ihres Kindes mit solcher Verlässlichkeit zu reagieren.

Nun, ich sagte es schon: Kein Mensch kann das. Es muss auch nicht sein. Es geht vielmehr darum, dass die Verständnislosigkeit, die sich eben nie ganz vermeiden lässt, ein erträgliches Maß behält. Das hat viel mit dem zu tun, was ich geschildert habe: mit der Ruhe, die Mama in sich und im Zusammensein mit dem Kind findet, mit der Verlässlichkeit, wenn der Papa am Abend heimkommt und sich auf seine Familie freut, was ihm seinerseits die Mühe erleichtert, die die tägliche Arbeit für die Miete und den Einkauf bedeutet. Dies alles ist wichtig.

Ein ganz anderes, substanzielles Hilfsmittel dafür will ich Ihnen auch noch nennen, es ist der Humor.

Mütter haben Humor. Das ist auch eine von diesen Wahrheiten, die in der Pädagogik nie so recht zur Kenntnis genommen werden. Deswegen tauchen sie in den Ratgebern auch nicht auf, und das ist ein Fehler.

Wer selber ein Kind hat oder Müttern einmal zuschaut, kann beobachten, wie sie mit den Kleinsten umgehen – auch die ernsthaftesten, strebsamsten und angepasstesten. Wie sie auf die unartikulierten Laute des Kleinkindes mit ganz ähnlichen Lauten lächelnd reagieren, wie sie das Geplapper und Geblubber des Kindes mit eigenem Geplapper beantworten, die Gesten, die Mimik, das Gezappel und Gehampel übertreiben und einen Raum schaffen, in dem das Baby seine eigenen Fähigkeiten und Gefühle gespiegelt findet. Jede seelisch gesunde Mutter verfügt über diese Möglichkeiten und wendet sie an.

Nun ist es eine äußerst weise Entscheidung, diesen Humor auch in schwierigen Situationen aufzubringen. Also beispielsweise bei Babys Trotzanfall. Mitunter reicht es schon, wenn man freundlich-verschmitzt – und nicht genervt, angespannt oder gar ängstlich – auf ein zorniges Kleinkind schaut, oft kann man sich ein Lächeln kaum verkneifen.

Wie diese kleine Existenz da mault und wütet! Das ist neben allem Kummer, den man ja mitfühlt, sehr komisch. Wie viel Kraft und Mut so ein kleines Wesen hervorbringt, um der Welt seinen Willen aufzuzwingen ...

Wir müssen nur nicht immer gleich pädagogische Bedenken im Kopf haben. Wir können auch einfach versöhnlich lächeln.

Noch besser ist es, wenn Mama oder Papa auch über sich selber lächeln können. Wie sehr wir uns beispielsweise von diesem kleinen Trotzkopf anstecken lassen! Das ist schon komisch. Wie wir selber trotzig werden (»Damit kommt der jetzt aber nicht durch!«). Da schmeißt so ein Kind sein Bauklötzchen wild empört gegen die Wand und kreischt. Und was tun wir? Wir stehen kurz davor, selber wild empört zu kreischen, und am liebsten würden wir auch etwas hinterher schmeißen.

Da Mama und Papa aber erwachsene Menschen sind, haben sie, anders als das Baby, ihre Vernunft zur Verfügung. Ihre Selbstreflexion! Sie können über sich selber lachen oder grinsen oder schmunzeln – je nachdem. Wie viel kindlicher

Trotz in einem selber schlummert! Und wie leicht er abrufbar ist!

Wenn Mama also ein bisschen (insgeheim) über sich selber schmunzelt und den Zorn des Kindes versöhnlich betrachtet, dann ist die ganze Trotz-Affäre oft schon keine »Affäre« mehr, sondern nur ein weiteres kleines Erinnerungsglied in der Kette von lustigen, beschaulichen, bewegenden Ereignissen, wie sie sich Stunde um Stunde im Leben einer Familie ereignen. Dann ist aus der Tragödie eine kleine »menschliche Komödie« geworden. Dann ist alles halb so schlimm.

Außerdem muss Mama nicht zum nächsten psychologischen Erziehungsberater eilen, um sich besorgt zu erkundigen, ob der Trotz des Kindes statt im ersten, nicht frühestens im anderthalbten oder zweiten Lebensjahr der Norm entspräche, ob sie zu viel oder zu wenig Grenzen setzt und was der besorgten Kümmernisse mehr sind. Ihr Humor versöhnt alles. Die Beratung braucht sie gar nicht mehr. Versöhnung ist immer die beste Erziehung.

08

# LIEBE GRENZEN-LOS?!

# Bei aller Liebe – manchmal
# sagt Mama »Nein«

Warum kann man dem kleinen Willen nicht einfach, in überströmender Liebe, immer nachgeben? Könnten nicht wenigstens die ersten Lebensjahre dadurch schöner werden, dass man das Kind fortlaufend mit der Welt *versöhnt*? Und zwar einfach dadurch, dass man ihm sein Wollen und Wünschen erfüllt. Wäre dies nicht ein guter Weg dazu, dem Kind die Welt freundlich erscheinen zu lassen? Würde man ihm dadurch nicht ein grundsätzliches Vertrauen schenken, mit dem es die späteren Krisen und Probleme umso zuversichtlicher meistern kann?

Das ist eine sehr freundliche Betrachtungsweise. Vor etwa 30 bis 40 Jahren gab es eine Reihe von Erziehungsexperimenten, die exakt dieser Grundüberlegung folgten. Aber sie sind alle schief gegangen. Wenn sie – wie O'Neills »Summerhill-Projekt«, Ende der 60er enorm populär – nicht total scheiterten, lag der Grund darin, dass der so genannte antiautoritäre Ansatz in der Realität gar nicht durchgehalten wurde.

O'Neill beispielsweise war in seinem Schulheim »Summerhill« ein unumschränkter Herrscher, eine unerschütterliche Autorität und, wie manche Summerhill-Kinder später berichteten, gelegentlich ein arger Tyrann. Auf dieser Grundlage lässt sich gut über antiautoritäre Erziehung spekulieren und mystifizieren. Die Realität im Erziehungsalltag sah ja dann doch viel bodenständiger aus.

Nein, leider geht es auf der Welt und auch in der Erziehung eines Kindes nicht immer harmonisch zu. Die menschliche Seele steckt voller Widersprüchen, sie tut es von Anfang an. Dies schlägt sich auch in der Kindererziehung nieder. Also, das Kind benötigt die ganze mütterliche Liebe und Sensibilität, aber *zugleich* benötigt es auch das mütterliche »Nein«. Dieses Nein kann, ja muss in manchen Fällen klar und unumstößlich ausfallen. Es führt kein Weg darum herum. Das Kind muss nämlich lernen, seine infantilen Allmachtsvorstellungen aufzugeben. Die gewaltige Omnipotenz, die ein Kind in seinem Inneren empfindet, weil es sich ja ganz im Zentrum der Welt und sozusagen allgewaltig wähnt, *muss* überwunden werden. Auf diesem grundsätzlichen Verzicht bauen sich der kindliche Verstand, die kindliche Wahrnehmung und Wahrnehmungsordnung, das kindliche Sprechen und Verstehen auf. *Ohne Liebe wird ein Mensch nicht menschlich, aber ohne Verzicht auch nicht.* Es ist eine bittere Tatsache. Freud hat aus ihr gefolgert, dass »Glück im menschlichen Schicksalsplan nicht vorgesehen« sei. Nun, so weit wollen wir nicht gehen. Aber schwierig ist dieser innere Widerspruch in der Erziehung des Kindes schon.

Diese Preisgabe der Allmachtsvorstellungen wird zunächst einmal von den Dingen selber erzwungen. Das ganz kleine Kind haut nach dem Klavierhocker, der ihm im Weg steht, und tut sich gleich noch einmal weh. Das größere hat schon verstanden, dass man zwar fix auf seinen kleinen Beinen vorankommen möchte, aber dabei auf die vielen Sachen Rücksicht nehmen muss. Insofern brauchen die Eltern zunächst einmal gar nicht so sehr viel zu tun. Die Wirklichkeit ist ein unerbittlicher Lehrmeister.

Das Kind beginnt nach den Gegenständen seiner Welt zu greifen und zu begreifen, dass die Dinge eine höchst eigenwillige Existenz haben (wie beispielsweise der Stuhl, an dem Baby sich festhalten kann, der aber kippelig ist und gegebenenfalls umfällt), dass sie eine gewisse regelmäßige Funktionsweise aufweisen (wie der Ball, der immer hoppelt und kullert und rollt und sich von Baby wegbewegt, obwohl Baby den Ball ganz nah bei sich haben möchte), und ähnliche Beispiele mehr. Bei all diesen und hundert mehr Gelegenheiten spielen sich kleine kindliche Tragödien ab. Sie gehen nicht ohne Klagen und Weinen des Kindes ab und führen – wie Mama genau beobachten kann – trotzdem dazu, dass Baby und Kleinkind immer klüger und geschickter werden.

Der Ball nämlich, der von ihm wegrollt, gibt dem Baby oder Kleinkind einen Einblick, dass runde Dinge *kullern*. Aber Baby will gar nicht, dass der Ball kullert, er soll liegen bleiben. Der rollt trotzdem weg. Baby ist traurig. Um seine Trauer in Zukunft zu vermeiden, nimmt es die Information (ein Ball rollt, auch wenn ich es nicht will) in sich auf und geht das nächste Mal geschickter mit dem störrischen Gegenstand um. Die Dinge haben eine Eigenart, sie folgen einer Ordnung, die ein Kind über hundert und mehr Missgeschicke und Kränkungen lernt.

Und nun zum mütterlichen oder väterlichen »Nein«. In einer bestimmten Lebensphase ist es fast unerträglich. »Nein«, wenn es sich an der Tischdecke hochziehen will, »Nein«, wenn unser Kind die große Vase im Wohnzimmer anstößt, »Nein« angesichts der Herdplatte. Dieses Nein ärgert das Kind, gleichzeitig wirkt es aber wie ein großes Stoppschild vor der nächsten Frustration oder der nächsten mittelschweren Katastrophe. Das Nein ist eine Information für das kindliche Bewusstsein.

Wenn Mama mit bestimmter Stimme »Nein« sagt, dann bekommt die Eigenart der Dinge etwas *Fassbares*. Wir müssen uns vorstellen, dass die vielen Dinge und ihre Funktionsweisen für ein Kind zunächst einmal nicht die geringste Ordnung erkennen lassen. Sie sind einfach nur »da«, sehr verwirrend. Wenn die Verwirrung nicht auf irgendeine Weise beendet und in eine »Wahrnehmungsordnung« überführt wird, dann kann das Kind die Welt nicht kennen lernen, dann kommt es nicht zum Reifen des kindlichen Verstandes. Würde die Welt der Dinge keine Ordnung zu erkennen geben, die für das Baby verständlich ist, dann würde sich der kindliche Verstand irgendwann mit seinem Scheitern zufrieden geben. Er würde die Welt schlicht für unverständlich und ungeordnet erklären und damit einer inneren Unordnung Platz machen.

Das darf aber nicht sein.

Deswegen wird die unübersichtliche Welt ein wenig in Ordnung gebracht, wenn Mamas Stimme die Dinge regelt. Dies oder jenes ist erlaubt – und Mama gibt zustimmende Worte oder Laute von sich, »super« oder »toll gemacht« oder auch nur ein Lächeln. Und andere Dinge sind eben nicht erlaubt – dann ertönt ihre Stimme mit jenem verhängnisvollen »Nein!«. Das ist der eine Punkt, der kognitive. Der andere ist aber viel wichtiger.

Dieses Kind hat von seiner ersten Lebensminute an gelernt und gelernt. Und alles Lernen geschah im Austausch mit Mama. Das erste Gestilltwerden, die Verschränkung der Blicke, die ersten Laute – wir haben uns dies alles angeschaut. Kurzum, Mamas Körper ist das Vertrauteste unter der Sonne. Mamas Stimme, ihre Wärme, ihr Geruch ... Ganz innig vertraut ist sie, aber trotzdem ist sie nicht das Baby-Ich. Mama gehört auch zur »Welt der Objekte«. Sie ist das Einzige in dieser Welt, das zwar Objekt, aber beinahe noch Ich ist. Mama ist die Brücke, die Baby weg vom egozentrischen Selbst hin zu seiner Umwelt führt. Mama ist Übergang. Mamas vertraute Stimme leitet es dabei.

Mama ist Babys »biologischer Spiegel«, wie die Bindungsforscher Papousek formulierten. In Mamas Anweisungen erkennt Baby seine innersten Empfindungen. Anhand von Mama-Gestalt und -Stimme und -Worten verinnerlicht es die unverständliche Ordnung der undurchsichtigen Welt. Kein anderer kann so wie sie Ordnung schaffen in diesem Wirrwarr der äußeren Dinge. Ihr »Nein« ist dabei unumgänglich. Denn jener Verzicht, von dem vorhin die Rede war, *muss* von unserem Kind wie von jedem Kind geleistet werden. Den kann auch Mama nicht aus der Welt schaffen. Aber sie ist vermutlich *die Einzige, die ihn erträglich machen kann.*

Das mütterliche Nein, könnte man also sagen, steht am Anfang einer geordneten Vernunft und in gewisser Weise auch am Anfang der bewussten kindlichen Sprache. Wo die Mutter aber versucht, das Kind harmonieselig mit sich in Eintracht zu halten, und gleichzeitig bemüht ist, ihm alle, auch die geringsten Schmerzen und Widrigkeiten aus dem Weg zu räumen, da bleibt die Welt des Kindes im Chaos verhaftet. Möglicherweise ist es sogar so, dass zwar alle kognitiven Funktionen in dem kleinen Gehirn ausgebildet werden – es lernt dann die formalen Funktionsweisen der Dinge, ihre Beherrschung –, aber die Verbindung zu den Emotionen findet nicht ausreichend statt. Kognition und Emotion bleiben geteilt.

In der kinderpsychologischen Praxis findet man oft Kinder, die, wie ihre Eltern sofort betonen, »hochbegabt sind«. Sie haben meist Probleme in der Schule und oft auch Schwierigkeiten mit den anderen Kindern. Die Pädagogik vermutet, sie seien schlicht unterfordert, deshalb seien sie schwierig. Überzeugend klingt das nicht! Ich beobachte bei diesen Kindern oft, dass ihre kognitiven formalen Fähigkeiten in keiner Weise emotional verankert sind. Sie sind schlau, aber nicht *klug.* Sie können kaum sinnhafte Zusammenhänge herstellen, Empathie fehlt oft ganz. Mit Intelligenz kann man die

Welt beherrschen, das ist schon wahr. Aber an ihr freuen kann man sich allein mit Intelligenz nicht. Diese kleinen Jungen und Mädchen wirken oft schwer erreichbar, sie sind in sich verschlossen, wie empfindsame Austern, die jede Berührung scheuen. Sie wirken immer ein wenig unglücklich. In aller Regel stellt sich schon nach wenigen Stunden heraus, dass diese Kinder hochgradig verwöhnt worden sind. Sie haben gleichsam die emotionale Sinnstiftung durch das mütterliche »Nein« nie oder nicht ausreichend kennen gelernt.

Mama muss also gelegentlich Nein sagen und dieses Nein kräftig und konsequent zum Ausdruck bringen.

Und wie passt diese Aussage nun zu solchen Überlegungen, dass man die kindliche Freude nicht stören soll und die kindliche Neugier nicht behindern?

*Manchmal* ist ein – durchaus auch derbes – »Nein« gerechtfertigt und *manchmal* eben nicht. Und wie erkenne ich das? Ich wiederhole mich ungern, aber was bleibt mir schon übrig? Antwort: Durch mein liebendes Verstehen und Mitempfinden. Ja, das Kind muss schon im 12. oder 16. Lebensmonat »lernen«, dass die Welt und sein Wille nicht unbedingt übereinstimmen. Es muss behutsam begreifen, dass es seinen Willen an die Welt anpassen muss, um seine Wünsche schließlich erfüllt zu bekommen. Aber gleichzeitig – *gleichzeitig* darf Mamas »Nein« niemals hart, abrupt, »nur-konsequent« und ohne die Einfärbung der Liebe ausfallen. Weil dann nämlich ihr Kind in einen Abgrund von Enttäuschung stürzt, weil dann in seinem Inneren ein Riss entsteht, der bei manchen Kindern einfach nicht wieder heilen will.

# Warum Eltern oft alles falsch und trotzdem richtig machen

Eigentlich wird aus dem bisher Gesagten klar genug, dass ein kleines Kind keineswegs immer ein strahlendes, vergnügtes und liebreizendes Wesen sein kann, keineswegs immer ein »Sonnenschein«. An manchen Tagen sind 2- und 3-jährige Kinder schlicht unerträglich.

Sie maulen rum, sind mit nichts zufrieden, schmeißen die Bauklötze wild in die Ecke und manchmal schlagen sie sogar nach Mamas oder Papas Arm. Sie wissen, dass sie dies nicht dürfen, schauen erschrocken über sich selbst und über die mögliche Reaktion auf ihre eigene Hand. Sie erwarten Schimpfen oder Bestrafung und allein die Erwartungsangst versetzt sie in eine neue wilde Panik.

So entsteht ein Kreislauf von Wut und »Trotz«, aus dem ein Kind sich aus eigener Kraft oft stundenlang nicht befreien kann.

Und Papa und Mama haben es auch schwer.

Wann ist denn nun der richtige Zeitpunkt, um einem Kind deutlich zu machen, dass ein »Nein« tatsächlich ein »Nein« ist und nicht ein »Vielleicht«? Woher soll eine Mutter (und sei es die liebevollste) wissen, ob das Kleine gierig nach dem Schokoriegel greift, weil es gerade seelisch in einer schwierigen Phase ist und sich mittels des Riegels in Mamas symbiotische Nähe sehnt, und wann es einfach nur ungehemmt und gierig ist und also »Grenzen lernen« muss?

Meine ausführlichen Schilderungen bis hierher sollen zunächst nichts anderes deutlich machen als dies: Keine Mutter und kein Vater auf der Welt kann das wissen. Auch die intuitivsten und klügsten Eltern irren sich im Umgang mit ihrem Kind, jeden Tag, immer wieder. Nahezu stündlich verfehlt man die Bedürftigkeiten und Nöte eines Kindes. Manche Eltern ertragen diese Tatsache ihrer Fehlbarkeit kaum. Wie soll man denn darauf reagieren? Wo gibt es Sicherheit?

Solche ängstlichen Fragen sind ja der Grund dafür, dass manche Eltern einen Erziehungsratgeber nach dem anderen aufhäufen, irgendwelche Prager Förderkurse für viel Geld besuchen und allerlei halbgares Zeug auswendig pauken und zuletzt angesichts der realen Situation so hilflos sind wie alle anderen Mütter (und Väter) auch – oder noch etwas hilfloser, weil ihnen vor lauter Bemühtheit eben die letzten Reste von Intuition verloren gegangen sind.

Ja gut, und was kann man tun? Die Antwort ist einfach, aber entsprechend zu handeln fällt schwer. Im Grunde geht es nur darum, die Augen offen zu halten, die Ohren auch, die Herzen besonders. Und im Übrigen die eigene Fehlbarkeit gelassen akzeptieren. Das Kleine kommt schon damit zurecht, Mamas und Papas vorbehaltlose Liebe immer vorausgesetzt. Das liebevolle Schauen von Papa und Mama hilft dem Kind über die Tatsache hinweg, dass es auch menschliche Blicke gibt, die bewerten und verwerfen. Die Nähe von Mama allein verspricht schon Trost, und der hält bei guter Bindung auch dann, wenn Mama versäumt hat, im richtigen Augenblick ihr Kind tröstend in die Arme zu nehmen. Die *Trosterwartung, die sich aus zahllosen vorausgehenden positiven Erfahrungen speist, gleicht nahezu alles aus.*

Grundlagen sind die gute Bindung, die Verlässlichkeit des liebevollen elterlichen Blicks, das innige Strahlen des Kindes bei Mamas Anblick und Mamas aufleuchtende Augen, wenn sie ihr Kind anschaut. Basis ist der Austausch zwischen Mutter und Kind, später kommt Papa mit seiner unbeholfenen Liebe hinzu. Ist dies alles verlässlich, dann dürfen Eltern ihre Fehleranfälligkeit seelenruhig zur Kenntnis nehmen (man lernt ja auch jedes Mal ein bisschen hinzu!), ihr Kind wird sie schon mit sich selber ausgleichen. Diese »Bindung« ist natürlich nur ein umständlicheres Wort für »Liebe«, diese elementare Kraft, die Leben erzeugt und reifen lässt und die, wo sie fehlt, alles in einem verdorrten und trostlosen Zustand hinterlässt. Man kann sie in keinem Kurs trainieren, man kann sie nicht üben. Sie ist da oder alles ist verloren. So ist das!

Ein Satz, der auf den ersten Blick ganz harmlos daherkommt und dennoch eine unerbittliche Wahrheit beinhaltet. Denn Liebe kann auch unzureichend sein, und das ist furchtbar! Etwas Elementares ist verloren gegangen. In Gaststätten, in Fußgängerzonen, in Eisdielen und auf Spielplätzen und sonst wo lässt es sich wieder und wieder beobachten. Etwas Elementares in der Empfindsamkeit zwischen Eltern und Kind funktioniert bei vielen nicht mehr. Das macht die Kinder wütend und aggressiv, macht sie hart und zornig.

# Warum Kinder manchmal eine kräftige Antwort wollen

Ich habe geschrieben, dass das Kleinkind sich seiner Gefühle und seiner Befindlichkeiten darüber vergewissert, dass es die Reaktionen von Mama mitfühlt. Erst zeigt es versuchsweise ein Gefühl, eine Empfindung, dann antwortet Mama darauf. Und erst aus Mamas Antwort (Reaktion) wird sich das Kleinkind des eigenen Gefühls gewiss. Erst jetzt erhält es eine Beständigkeit.

Aber es gibt noch eine zweite Art, eine vertrackte, wie die Kleinen sich ihrer Gefühle und ihrer Gefühlsäußerungen vergewissern, wie sie sich Gewissheit verschaffen. Die »älteren Kinder«, etwa ab dem 2. Lebensjahr, versuchen dies nämlich auch mit Provokationen! Sie wollen ihre Umgebung – also vor allem Mama und ansatzweise auch Papa – beherrschen oder mindestens beeinflussen. Das ist ihnen nicht bewusst, entspricht aber ihrem Entdeckerdrang und ihrer Neugier, die sie jetzt auf ihre Umgebung richten.

Sie wollen nicht immer nur die »Spiegelung« ihrer Gefühle, sie wollen mehr. Jeder hat schon erlebt, dass ein 2- oder $2\frac{1}{2}$-Jähriger trotzig auf einem »Nein« oder einem beliebigen Wunsch besteht und durch kein gutes Zureden davon abzubringen ist. Ich habe schon dargestellt, was dies mit der inneren Bindung an Mama zu tun hat.

Hier geht es aber *auch* um etwas anderes, nämlich darum, dass das Kind sich seiner Wirkungsmacht über die Umwelt bewusst werden will. Es will nun herausfinden, ob es bei den wichtigen Menschen seines Lebens (so viele sind es in diesem Alter nicht!) eine Wirkung hinterlässt, ob es sie *beeindrucken* kann.

Also verfällt er darauf, seinem x-beliebigen Befinden plötzlich mit aller Macht Ausdruck zu verleihen. Dann wartet es gespannt auf die Reaktion.

Mitunter erlebt man 2-jährige Kinder, die trotzig auf diesem oder jenem beharren und herumbrüllen, die dann aber, wenn Mama endgültig die Geduld ausgeht und heftig zu schimpfen anfängt, breit lachen und Mamas Ärger vergnügt zur Kenntnis nehmen. Es war doch alles nur ein Spiel! Was bedeutet dieses Lachen? Bedeutet es Wut oder Abwehr, versteckte Ambivalenzen, wie Analytiker gern vermuten? Nein, in vielen Fällen bedeutet es einfach nur, dass dieses Kind sich darüber freut, wie sehr es Mama beeindrucken kann. Es hat sozusagen seine Gefühle in der Umwelt niedergelegt, *markiert*, es hat Spuren hinterlassen. Mamas heftige Reaktion bezeugt dies. Unser Kind hat seinen Bemächtigungswillen erprobt, und siehe da!, es ist ihm gelungen. Es erzwingt eine Reaktion, von der es genau spürt, dass Mama oder Papa sie gar nicht wollten. Es hat also Kraft aus sich heraus. Es emanzipiert sich in gewisser Weise von jenem »Spiegelverhalten«, von dem wir ja schon sprachen.

Sein Lachen oder sein breites, gar nicht uncharmantes Grinsen bedeutet nichts anderes als dies: Ich werde selbstständig. Es ist eine Lust, selbstständig zu werden. Manchmal breiten die Kinder – mitten in Mamas oder Papas Zorn! – erwartungsfroh ihre beiden Ärmchen aus. Schau mal, Mama, was ich alles kann! Wer hier auf Konsequenz oder Strafe beharrt, fügt diesem jungen Stolz eine tiefe Kränkung zu.

# Konsequenz und Autorität und all das

Und was ist nun mit den »Grenzen«, die Kinder so dringend benötigen. Was ist mit Autorität und Strenge, von denen seit einiger Zeit so viel die Rede ist? Nun, konsequent zu sein und Grenzen zu setzen ist schon notwendig, wenn es richtig gemacht wird. Wird es aber falsch gemacht, kann es Kinder traumatisieren und damit verdummen.

Es kann sie einschüchtern, vor allem aber kann ihnen die Zuversicht zu sich selber, zu einem frohen Lebensmut genommen werden. Dann hat man zwar gehorsame Kinder, aber auch erfolglose. Eingeschüchterte Kinder scheitern leicht in der Schule. Kinder mit unterdrückten Seelen kommen auch bei ihren Freunden nicht gut an.

Manche werden überehrgeizig, manche werden zu »Petzern«, was bei den modernen Kindern genauso verpönt ist, wie es bei uns Kindern vor 40 Jahren war.

Andererseits können durch und durch verwöhnte Kinder *auch* eine schiere Qual für ihre Umwelt und für sich selber sein. Was ist also richtig?

Gibt es ein *richtiges* Erziehungskonzept, an das man sich nur zu halten braucht, und schon geht alles in Ordnung?

Nein, das gibt es nicht.

So viel ergibt sich aus all dem, was ich über die kindliche Entwicklung in diesem Buch ausgeführt habe, mit großer

Eindeutigkeit: *Die* richtige Erziehung, die man in Kursen lernen und sich mit einem Elternführerschein beglaubigen lassen kann, die gibt es nicht.

Bringen wir es auf eine Formel: Konsequenz ist gut, wenn sie auf Liebe beruht. Respekt der Kinder vor den Eltern ist auch gut, aber die Eltern müssen den Respekt *verdienen.* Wie verdienen sie ihn? Indem sie Schutz und Geborgenheit bedeuten für ihr Kind. Schutz und Geborgenheit nicht nur durch das, was sie tun, sondern durch das, was sie *sind.* Durch ihre Stimme, durch ihren Blick, durch ihre unwillkürlichen Gesten, durch die Art, wie sie mit dem Kind abends am Tisch sitzen und wie sie es zu Bett bringen.

In jeder Sekunde, in jeder kleinsten Falte des Tages zeigt sich die Liebe oder sie zeigt sich eben nicht. Ist sie da, wird alles gut.

*Dann* in der Tat sollten Eltern Respekt verlangen. Dann in der Tat sind sie für ihr Kind eine Person, deren Autorität nicht einschüchtert, sondern stärkt. Dann füttert die Stärke, die Mama oder Papa im Konflikt mit ihrem Kind gelegentlich beweisen, das Kind seinerseits mit seelischer Stärke und zerbricht es nicht.

Leider gilt die Umkehrung auch.

Wo Autorität ohne Liebe (und sei es nur ohne erkennbare) auszukommen meint, da schafft sie seelische Verwüstungen. Leere. Wo innere Leere herrscht, kann ein Kind auch nichts nach außen abgeben. Es wird einsam, es hat wenige Freunde. Es wird egoistisch und dieser Egoismus wird ihm dann auch noch zum Vorwurf gemacht.

Gewiss, das Leben eines Kindes kann sehr unterschiedliche Verläufe nehmen. Es gibt mehr als eine Ursache dafür. Aber dennoch kann eines festgehalten werden: Wenn ein Kind zutiefst geliebt wird, dann ist ein Kinderunglück nie total, niemals restlos.

Es gibt ein altes deutsches Sprichwort, das lautet: »Die

Hoffnung stirbt immer zuletzt.« So ist es. Immer lebt in uns noch ein Schimmer Hoffnung, ein Funken Erwartung, selbst in den finstersten Stunden: Diese Hoffnung ist ein Spiegel der mütterlichen und väterlichen Liebe. Wer sie verliert, hat alles verloren, und wenn er, wie Paulus schrieb, »die ganze Welt gewänne«.

# Verwöhnte Kinder?

Woran merken Sie in Ihrer Praxis, dass Kinder verwöhnt sind? Vor allem geht es um das soziale Verhalten des Kindes. Verwöhnte Kinder haben den Schritt aus den frühkindlichen Allmachtsvorstellungen –»die ganze Welt ist nur für mich und meine Bedürftigkeiten vorhanden« – nicht ausreichend vollzogen und insofern die »Ordnung der Menschen und der Dinge« nicht ausreichend in sich aufgenommen. Kein Wunder also, dass ihnen jede kleinste Aufgabe wie eine Zumutung vorkommt. Und auch kein Wunder, dass sie hilflos wirken, wenn sie auf andere Kinder treffen, die auch Wünsche und auch einen Willen haben.

*Gab es »Verwöhnte« schon immer? Oder hat sich unter den Kindern etwas verändert?*

Verwöhnte Kinder gab es schon immer. Aber sie waren Ausnahmen. Das hat sich grundsätzlich geändert. Das hat etwas damit zu tun, dass die moderne Familie eine Art Befindlichkeitsgemeinschaft geworden ist. Sie ist keine in sich gefestigte Institution mehr, eingebunden in ein stützendes Verwandtschaftssystem. Ihre Existenz ist fragil, brüchig. Viele moderne Eltern scheuen deshalb offene Konflikte, Auseinandersetzungen. Es stehen sozusagen immer gleich die Grundlagen der Familie zur Disposition.

*Ist die Therapie selbst Teil des Verwöhnprozesses? Also: Werden die Kinder zu wenig gefordert, zu viel Angebot, zu viel »Verstehen«?*

Viele Therapien sind genau das und eben aus dem Grund

langweilen sie die verwöhnten Kinder zu Tode. »Was ist dein Ziel, was erwartest du von deinem Leben?« – so beginnen jedes Jugendhilfeplan-Gespräch und die meisten Therapien. (»Stell dir vor, eine Wunschfee käme vorbei und du hättest drei Wünsche frei.«) Gerade diese Frage können die verwöhnten Kinder nicht beantworten. Sie haben keine Ziele, überhaupt nur diffuse Vorstellungen jenseits ihrer jeweiligen momentanen Befindlichkeit, oft ein verarmtes Zeitempfinden. Sie langweilen sich sogar mit ihren Wünschen. Viele Therapien haben den inneren Zustand dieser Kinder noch gar nicht begriffen.

*Können Sie dem Verwöhnen etwas Positives abgewinnen? Wer darf es, wer und wann nicht?*

Natürlich. Kinder müssen verwöhnt werden. Das ist die andere Seite. Aber eben nicht nur verwöhnt. Verwöhnen allein reicht nicht. Es muss auch noch Liebe dazukommen.

*Was ist eigentlich so schlimm an »verwöhnten Kindern«, sie sind offensichtlich genussfähig, schaffen es zu bekommen, was sie möchten, verausgaben ihre Kräfte nicht, sorgen dafür, dass andere sich um sie sorgen alles Tugenden, die hoch gehandelt werden unter Erwachsenen?*

Ja, sehr charmant sind sie außerdem, sehr beweglich, oft kreativ. Ich mag diese modernen Kinder überhaupt sehr, mehr als die alten autoritätsgebundenen und in Normen verklammerten früheren Generationen, meine eigene zum Beispiel. Aber alle ihre Eigenarten sind eben ego-zentriert. Der Mensch erwirbt sein Selbst aber unter dem Blick der »Anderen«, wie Sartre beschrieb oder Buber predigte. Das Ego, das leer in sich kreist, macht unglücklich.

*Sie haben und kennen (erwachsene) Kinder. Haben Sie es geschafft, sie nicht verwöhnt heranwachsen zu lassen? Oder beobachten Sie »Verwöhnung« an den eigenen Kindern?*

Ich habe eine 6-jährige Tochter, was soll ich schon machen? Natürlich verwöhne ich sie. Aber nicht nur! Sie hat tief verinnerlicht, dass Mama und Papa eine liebevolle, aber manchmal auch kantige Gegenwart des »Anderen« sind, keineswegs nur Wunscherfüller. In Konfliktsituationen bin ich außerdem strikt autoritär (na ja, ich bemühe mich). Ich kann sogar laut werden, aber diesem Kind gegenüber niemals wirklich zornig oder gar lieblos. Das Kind findet deshalb auch im Streit Halt und Maß.

*Gab es in Ihrer Kindheit Momente des Verwöhnens?*

Na sicher, ich war der Zweitgeborene. Ich war es beispielsweise gewöhnt, im Kindergarten mitten im Spiel auf den Uhrzeiger zu weisen, strikt zu behaupten, »der Zeiger stehe oben«, was hieß, es ist Mittag und wir gehen nach Hause – und dann zog ich, ohne Rücksicht auf die reale Zeit, einfach los. Mein armer, etwas älterer Bruder zockelte hinterher. Er wird heute noch zornesblass, wenn er davon berichtet. Ähnliches hat sich ein Leben lang wiederholt. Daraus wurden Schwächen und Stärken in gleichem Maße.

*Also: Haben Sie ein Problem mit verwöhnten Kindern?*

Ich habe bei meinen eigenen Kindern – aber auch bei denen, die ich in meiner Praxis betreue – eigentlich nur Angst davor, dass sie unglücklich werden, dass sie in der Tiefe ihrer Psyche allein bleiben, wie Narziss. Das ist unmenschlich.

09

# ERZIEHUNGS-FRAGEN

# Räum dein Zimmer auf

Details aus dem Alltag – in ihnen, in den Fugen des Alltäglichen, nistet sich die Beziehung zwischen Eltern und Kind ein und damit auch das, was wir so ungeschickt »Erziehung« nennen. Zum Beispiel diese:
Mütter haben mit geradezu biologischer Regelmäßigkeit die Eigenart, aufzuräumen. Sie fuchteln mit dem Staubsauger, der in tinnitusähnlichen hohen Tönen sirrt, auf dem Flur und dem Boden des Wohnzimmers herum, sie wischen mit Lappen, mal trocken, mal feucht, hinter Staubfitzelchen her, die jedem menschlichen Auge (außer ihrem!) verborgen sind, sie erläutern lautstark einem imaginären Publikum (aufräumenden Müttern hört nie irgendjemand zu!), dass die Fenster dringend geputzt werden müssten, obwohl das Tageslicht völlig ungemindert in die Wohnstube hineinflimmert. Kurzum, sie schaffen Ordnung. Und das ist auch gut so.

In einem reinen Männerhaushalt gibt es keine Ordnung, das ist so unwahrscheinlich wie, dass ein blinder Maulwurf jemals seine Wohnung im Sonnenlicht errichtet.

Mama schuftet also, vielleicht summt sie vor sich hin – Putzen macht nicht immer Spaß, aber manchmal eben doch! So eine richtig hübsche Wohnung, ein aufgeräumtes Wohnzimmer, geputzt bis an die Grenze der nervlichen Belastbarkeit der restlichen Familienmitglieder, ein Wischen und Staubsaugen quer über den Flur, das erzeugt höchst widersprüchliche Reaktionen bei Kindern. Vielleicht saß der kleine Sohn zu Hause, hockte über seinen Hausaufgaben und schaute und hörte halb mürrisch, halb grinsend den Mühen seiner Mutter zu. Wie immer sein kindliches Urteil ausfiel, eine schön aufgeräumte und hübsche Wohnung findet er auch ziemlich gut.

Nun reicht es doch, wenn Mama ganz kurz einmal, möglichst mit ihm gemeinsam, in seinem Zimmer vorbeiguckt, freundlich und nachsichtig auf das Chaos schaut – die Unterhosen, in denn sich die Socken verwirrt haben, vier bis fünf Hosen, von denen kein Mensch mehr weiß, welche sauber sind und welche dringend die Waschmaschine benötigen, ein paar Essensreste dazwischengestreut, hier und da ein Schulheft, das einige Tage vorher verzweifelt gesucht worden war. Mama also schaut versonnen auf das Chaos und hält jetzt eben *keine* mahnende Rede über den Nutzen von Ordnung, redet überhaupt nicht viel, sondern sagt lächelnd: *»Na ja, schön, dass unsere Wohnung noch mehr als nur dieses eine Zimmer hat«*, und verlässt schweigend den Raum. Wollen wir wetten, dass in dem Kleinen, egal, ob 8 oder 14 Jahre alt, ein ganz heimlicher Wunsch nach Ordnung und Sauberkeit wächst?

Jede Gardinenpredigt lässt den Wunsch natürlich in nichts zusammenfallen, das versteht sich ja von selbst. Eltern brauchen Geduld. Sie müssen warten, bis der Sohn sich darüber beklagt, dass sein Zimmer »grauenhaft« aussieht – Söhne, manchmal auch Töchter, tun dies bekanntlich in einem Tonfall, der absolut keinen Zweifel daran duldet, dass die gesamte Familie und die Mutter zuerst an dem Chaos in seinem Zimmer schuld seien. Er selber betrachtet diese Entwicklung mit höchstem Missfallen.

Dies ist der Augenblick, in dem man sich, ruhig ein wenig zögernd, ruhig mit dem Hinweis: *»Das ist eigentlich dein Zimmer und geht mich nichts an«*, zaudernd dazu herablässt, der Unordnung zuleibe zu rücken. Natürlich folgt man dabei weder der Gewohnheit, energisch alles allein zu machen, noch folgt man dem Rat so vieler Ratgeber, den Jungen dazu zu zwingen, gefälligst sein Zimmer allein aufzuräumen – beides ist falsch.

Richtig ist es so: Sie nehmen zwei Kartons oder andere Behälter, beginnen mit einem der beiden mit dem Aufräumen und zeigen dem Knaben – aber ganz konkret, haargenau – welchen Strumpf er wohin und welche Unterhose er in welchen Behälter packt, setzen im Übrigen Ihre Aufräumaktion wie selbstverständlich fort und – jede Wette! – der Kleine fängt anfangs zögernd, dann mit immer mehr Eifer an, mitzumachen. Teils, weil er sich blöd vorkommt, Mama allein schuften zu lassen – bei aller Trägheit, das ist ja nun auch wieder peinlich! –, teils weil er angesichts ihrer vergnügten Laune das Gefühl bekommt, dass Aufräumen möglicherweise eine ganz putzige Angelegenheit sein kann – putzig im Doppelsinn des Wortes, versteht sich. Hinterher ist er so stolz, dass man vermuten könnte, er habe nicht nur sein eigenes Zimmer, sondern die ganze Wohnung gesäubert und geordnet. Diesen kleinen Stolz soll man ihm lassen.

Der entscheidende Punkt ist wie bei fast allen dieser unendlichen Fragen rund um Ordnung und Regeln dieser: Es geht darum, einerseits einen eigenen elterlichen Lebensstil mit großer Selbstverständlichkeit, ohne Vorwurf durchzusetzen, und gleichzeitig darum, einen *Gemeinsamkeitspunkt* zu finden. Solch eine Übereinstimmung von Bedürfnis und Interesse findet sich zwischen Eltern und Kind fast immer. In diesem Fall lag er darin, dass die von Mama hergestellte Ordnung dem Jungen irgendwie doch verführerisch erschien. Das ist überhaupt kein Wunder, alle kleinen und größeren Jungen lieben Ordnung, solange sie sie nicht selber herstellen müssen. Dabei muss man ein bisschen vorbildlich schubsen, so, wie oben beschrieben!

# Wir sind beide doof

Mitunter wundert man sich. Erfahrungen mit Kindern – erst recht mit »schwierigen« – verlaufen oft ganz anders als man sich vorgestellt hatte oder als alle pädagogische Theorie geweissagt hätte. Ich spiele mit einem meiner vergnügten Kinder, mit einem »ungezogenen«, also herrischen, anmaßenden, manchmal aggressiven 12-jährigen Jungen. Der Junge ist empfindlich, das ist bekannt. Seine Mitschüler wissen es besonders genau, denn wenn man ihn kränkt, dann kann er manchmal abrupt um sich schlagen, sogar gezielt zuschlagen. Er hat sich schon viel Ärger damit eingehandelt.

Bei mir ist es nun aber so: Wenn ich spiele, dann spiele ich, dann bin ich auch richtig drin im Spiel, dann vergesse ich alle pädagogisch-therapeutische Behutsamkeit (nun ja, wir wollen nicht übertreiben: Meist vergesse ich sie nicht, nur manchmal, zum Beispiel dieses Mal). Nach einem völlig »vergurkten« Spielzug von ihm sage ich also, aus der Inbrunst des Spieles heraus: *»Mann, bist du doof.«* Sollte nicht passieren, passiert aber.

Ich bemerke meinen kleinen Fehler, ich spüre geradezu, dass er jetzt dazu neigt, sich gekränkt oder sonst wie »beschädigt« zu fühlen, ich reagiere aber nicht hastig, das wäre ein schwerer Fehler gewesen, sondern schaue ganz ruhig und ziemlich lange (mindestens für seine hyperaktiven Verhältnisse sehr lange) aus dem Fenster und sage dann: *»Oder ich bin doof, das kann auch sein.«*

Er verfällt in tiefes Nachdenken, allen Ernstes grübelt er jetzt, wer sich nun besonders blöd angestellt hat, er oder ich? Und dann schauen wir uns an und mir fällt die Lösung der gar nicht leicht zu beantwortenden Frage ein, ich sage also: »Weißt du was, ich glaube, wir sind beide doof.« Und nun wirkte er nicht nur irgendwie beschwichtigt, sondern ein breites, grinsendes Strahlen ging über sein Gesicht. Ihm war richtig anzusehen, wie sehr ihm dieser Gedanke gefiel – der Herr Bergmann und ich, wir sind beide doof, was ja auch hieß, dass wir in gewisser Weise, zumindest in diesem Punkt, »gleich« sind.

Aber warum gefiel ihm der Gedanke? Ganz offensichtlich weit darüber hinaus, dass eine kleine »Kränkung« dadurch relativiert oder wieder aufgehoben wurde. Darum ging es gar nicht mehr! Es ging vielmehr darum, dass ihm bei den Worten »Wir sind wahrscheinlich beide doof« ein Gefühl durcheilte, das wiederum zwei Grundlagen hatte. Die erste war der offenbar im Verlauf der vorhergehenden Therapiestunden hergestellte Respekt vor dem Erwachsenen, sogar ein ziemlich tief sitzender Respekt. Und der zweite Schritt war, dass er mit meiner flapsigen Bemerkung auf dieselbe Ebene gehoben wurde wie dieser respektierte Mensch. Nun stellte sich die Frage »Wer ist denn jetzt eigentlich der Doofe von uns beiden?« in einem ganz anderen Licht. Möglicherweise war ja nicht er, sondern ich derjenige, der sich blöd angestellt hat. Möglicherweise war er es selber. Der Respekt vor dem Erwachsenen und die Freude, vielleicht ein Stück über ihn hinausgewachsen zu sein, war so prägend, dass er sogar die Kränkung, die in dem Satz »Du bist doof« steckte, zu verarbeiten begann. Auf der Grundlage eines verinnerlichten Respekts war es ihm möglich, die Situation und damit seine empfindlichen Gefühle offenzuhalten. »Vielleicht ist aber auch der Herr Bergmann doof« führte also – entgegen allen Vermutungen der Gehorsamspädagogik – keineswegs dazu, dass er den Respekt verlor, sondern im Gegenteil, dass er ihn vertiefte. Denn für sein freudiges Gefühl benötigte er diesen Respekt, damit die Aussage *»Vielleicht bin ich schlauer«* irgendeine seelische Bedeutung, eine tiefere Bedeutung für ihn annehmen konnte. Dazu bedurfte es dieses Respekts. Jetzt wollte er ihn noch weniger wieder aufgeben als zuvor.

Der 12-jährige Knabe hatte vieles gelernt in dieser kleinen, unauffälligen Situation. Zum einen, dass man ruhig Respekt haben darf und dass dieser Respekt zur Freude verführt und keineswegs immer nur zu Gefühlen von Demütigung. Dazu muss man allerdings eine längere gemeinsame Geschichte der Ermutigung, des Vertrauens, des Austausches von bestätigenden Blicken hinter sich gebracht haben. Und er hatte, vielleicht noch wichtiger, ebenfalls gelernt, dass Kritik, sogar entwertende Kritik, überhaupt nichts Böses sein muss. Kritik muss einen nicht einschüchtern, man muss sich nicht kleingemacht fühlen, man muss also nicht um sich schlagen. Man kann einfach cool und gelassen feststellen, so wie ich es ihm vorgemacht hatte: *»Vielleicht bin ich doof.«* Allein dieser Satz, diese kleine, mitschwingende Selbstkritik ohne Vorbehalt, hat höchstwahrscheinlich seinen Respekt noch ein kleines Stückchen weiter nach oben verschoben. Und dann kam ein dritter Satz, nicht planvoll, sondern intuitiv aus der Situation heraus gesprochen: *»Wir zwei beide ...«* Dieses Grundgefühl, *wir zwei beide*, erlöste das Kind von der Einsamkeit, die es sonst so oft durchlebte und die seine Kränkbarkeit überhaupt erst ausmachte. Für einige Minuten war der Junge aus dieser seelischen Isolation herausgerissen, indem er – respektvoll eben! – auf einen Erwachsenen schaute, mit vielen wirbelnden Gefühlen im Kopf, und gleichzeitig dachte: *»Au ja, wir zwei beide: was für ein schönes Gefühl.«* Ich respektiere einen Erwachsenen – das ist eben etwas ganz anderes für einen 12-Jährigen als *»Ich gehorche ihm«* oder, noch ärger, *»Ich verhalte mich diszipliniert, starr nach Regeln, vielleicht droht mir sonst Strafe«.* Es liegt ja auf der Hand, dass solche Gefühle das schwierige und verletzte Selbstgefühl dieses Jungen nicht linderten, sondern intensivierten. Es liegt auch auf der Hand, dass der Junge auf diese Weise niemals einen tief empfundenen Respekt zu mir oder einem anderen Erwachsenen erwerben würde, sondern immer nur Abwehr, mal versteckt und ängstlich, mal offen und zornig. Es liegt auf der Hand, dass man Respekt erwirbt dadurch, dass man dem Gegenüber, dem Kind, dem Jugendlichen, das Gefühl gibt: *»Wir beide, wir sind einander ziemlich ähnlich.«* Zugleich freilich muss man einen vorausgehenden Respekt bei ihm erworben haben, eine Grundlage dafür, dass dieses »wir beide« ein wohliges und nicht ein abstoßendes Gefühl ist.

Es gibt ja immer alles im Leben, mitunter kommt man aus dem Staunen nicht heraus. Eben geht ein Vater mit seinem etwa 12-jährigen Sohn an mir vorbei, und der Kleine, nicht einmal zornig, sondern ganz gelassen, sagt zu seinem Vater: *»Du Trottel.«* Das Gesicht des Vaters blieb ganz unbewegt, offensichtlich war er solche Anrede gewohnt. Nun ja, ich brauche keine Gehorsamspädagogik und kein »Lob der Disziplin«, um festzustellen, dass Vätern, die sich von ihren Söhnen »Trottel« nennen lassen, nicht zu helfen ist. Sie haben den Respekt, den das Kind ihnen mit Sicherheit viel lieber entgegenbringen würde, auch tatsächlich nicht verdient.

# Strafen

Hätten Strafen nicht so einen verbreiteten und fast schon selbstverständlichen Klang in der deutschen Erziehung, dann könnten sich viele Familien unzählige Konflikte ersparen. Wer gibt denn den Eltern (und erst recht den Lehrern oder Erziehern) das Recht, zu *strafen*? Wer glaubt denn ernsthaft (außer Herrn Bueb natürlich), dass man Kinder mit Zwang und den Erziehungsmitteln »vergleichbar der Dressur eines Hundes« auf den Weg der Vernunft bringen kann? Nicht einmal der Vernunft, erst recht nicht des Selbstbewusstseins, des Wertgefühls sich selber gegenüber und damit auch anderen Menschen gegenüber. Jede Strafe, selbst eine kleine, zerstört etwas in dem natürlichen Vermögen eines Kindes. Nun ja, sagen Eltern, das mag schon stimmen, und Lehrer nicken ganz entschieden: Ist doch utopisch, restlos illusionär, was die Erziehungswissenschaftler uns da erzählen. Ist es das wirklich? Schauen wir genauer hin. Es ist ja ganz offensichtlich: Ein Kind wird dafür bestraft, dass es irgendeiner erwünschten Tätigkeit nicht nachgekommen ist. Und was soll nun daraus werden? Dieses Kind wird diese (erwünschte) Tätigkeit in Zukunft abgrundtief hassen, noch viel mehr als vor der Strafe. Ist das »vernünftig«? Erzieht es gar zur Vernunft? Ganz offensichtlich nicht. Das liegt auf der Hand, ist für jeden einsichtig. Und trotzdem lassen wir uns von der Methode des Strafens nicht abbringen. Warum eigentlich nicht? Strafen kränken nicht nur, Strafen provozieren das nicht gewollte Verhalten. Wenn ich das weiß und trotzdem weiter strafe: Wer ist dann nicht »vernünftig«. Das Kind etwa? Aber, sagen genervte Eltern (und viele Eltern sind oft sehr zu Recht genervt) und erst recht die Lehrer, mitunter kann man gar nicht anders. Soll man das falsche Verhalten etwa noch belohnen? Diese Anmerkung wird fast immer in solchen Debatten eifrig nachgeschoben. Es ist so offensichtlich irrational, dass sich dahinter das schlechte Gewissen der strafenden Eltern oder Erzieher verbirgt. Nun, von Belohnen war ja überhaupt nicht die Rede. Kein Mensch hat ein einziges Wort von »falsches Verhalten belohnen« gesagt, die Aussage fragte vielmehr nach der Folge und nach der Wirkung von Strafe. Und darauf gibt die Gegenfrage *»Wir sollen doch nicht etwa belohnen?«* nicht die geringste Antwort, streift das Thema nicht einmal. Und das sollte uns wirklich nicht auffallen?

# Ins Leere reden

Am Nebentisch sitzt ein Paar, zwei Söhne, vielleicht 5 und 3 Jahre alt. Die Eltern schauen genervt, die Söhne quieken, quaken und plappern, dass man am Nebentisch sein eigenes Wort nicht versteht. Sind die beiden unerzogen? Schauen wir genauer hin. Die Eltern starren vor sich hin, halb resigniert, dann wiederum gehen sie auf die eine oder andere Bemerkung ein, lassen andere unter den Tisch fallen. Sie verstricken ihre Söhne nicht, sie geben ihnen die Ordnung eines Gespräches nicht vor. Und was sie vor allem nicht vorgeben, ist dies: eine Kultur, ja eine Liebeskultur zwischen ihnen beiden. Sie haben kaum einen Blick füreinander. Die Söhne gehen ihnen unendlich auf die Nerven und insgeheim macht der eine den anderen dafür verantwortlich. So kann man Kinder zum Ungehorsam erziehen. So müssen sie Tyrannen werden, sie plappern, denken und fühlen ja ständig ins Leere. Mama und Papa sitzen neben ihnen, sind aber in Wahrheit gar nicht da.

# Pubertät

Und dann knallte ich die Wohnungstür zu und befand mich wieder einmal auf der Treppe, nichts wie raus, hin zu meinem gemütlichen Bistro und einem Gläschen besänftigenden Rotweins. Irgendwann bin ich dann, an der Haustür angekommen, stehen geblieben und fing einfach an zu lachen. Das darf doch nicht wahr sein! Immerhin bin ich ein ziemlich gut ausgebildeter Psycho-Pädagoge, berate und betreue, schreibe Bücher, die nach meinem Empfinden ganz zu Recht gelobt werden. Und nun? Hier stehe ich, jetzt vor der Haustür, um der allerletzten Debatte mit meinem 14-jährigen Sohn zu entfliehen. Diese ewige leicht gekränkte Besserwisserei raubt mir den letzten Nerv.

Ratlos bin ich, wie alle anderen Väter, die mit pubertierenden Kindern geschlagen sind. Den Müttern geht es nicht besser! Trotzdem bin ich auf einem guten Weg, im doppelten Sinn des Wortes: Erst mal entspannen – muss nicht Rotwein sein, kann aber! – und sich über die eigene Ratlosigkeit nicht nur ärgern, sondern auch selbstkritisch lächeln (»Der Knabe macht mich einfach fertig, dabei war er so ein süßes, kluges Kind!«), kurzum: Gelassenheit schlucken. Danach ist man viel besser gewappnet für eine neue Runde in diesem Familienkrieg, den das junge Wesen, männlich oder weiblich, mit Beginn des 13. Lebensjahres ohne Sinn und Verstand Tag für Tag entfacht, meist aus minimalen Gründen.

Ich will niemanden outen, aber wie viele angesehene Männer, Repräsentanten des öffentlichen Lebens, bekannt als durchsetzungsfähige und strategisch klug planende Menschen des öffentlichen Lebens, habe ich im Lauf der Jahre getroffen, die mir haargenau dieselbe Klage vorgetragen haben. Andere Väter ebenso, Maurer oder Gymnasiallehrer, Techniker oder Professoren, ganz egal. Immer derselbe Jammer. Die Ursache: Töchterchen oder Söhnchen befindet sich in der Pubertät.

Das ganze Weltbild einer bis dahin ziemlich heilen Familie bringen sie gleichsam beiläufig zum Einsturz. Wo bisher leidliche Vernunft und Zuneigung waren, herrschen urplötzlich überbordende Gefühle. Mal in die eine, dann in die andere Richtung. Mal will Töchterchen mit 13 oder 14 Jahren auf Papas Schoß kuscheln, als sei sie soeben in den Kindergarten gekommen, eine halbe Stunde später dreht sie sich frisch gestylt vor dem Spiegel, hier ein Tupferchen Rot auf die Wange, dort ein ästhetisch unansehnliches, viel zu knappes T-Shirt übergestreift und ganz zum Schluss, mit maulendem Trotz: »Gefällt dir wohl nicht, wie? Ist ja immer so!« Dabei hatte ich, aus pädagogisch-psychologischer Übersicht, soeben zu einer Hymne auf ihr Aussehen anheben wollen. Hört sie jetzt aber nicht mehr – macht nichts, sie hört ja so und so nicht auf mich!

Zwei Minuten später flutscht sie an mir vorbei, mit dem zauberhaftesten heuchlerischen Lächeln, zu dem 14-Jährige in der Lage sind: »Tschüß Papa«. Ich, mit Donnerstimme (und was habe ich gegen zu viel Autorität, dröhnende Väter und Disziplin polemisiert – zu Recht übrigens): »Hiergeblieben, wo willst du hin?« Töchterchen schaut mich mit einem abgründigen Blick an, als wäre ich mit meiner Frage soeben in die intimsten Geheimnisse ihres Teenagerlebens eingedrungen, wo ich als Vater bekanntlich nichts zu suchen habe. Ich wollte aber nur wissen, wohin sie verschwindet und wann sie wieder zu erwarten sei. »Bis nachher« erschien mir ein wenig ungenau.

»Zu meiner Freundin.« – »Aha, und dann? Wo wollt ihr hin?« – »Mal sehen«, und dann ist sie wirklich weg. Wir wollen nichts übertreiben. Die Hilflosigkeit der Mütter und Väter spielt sich vorwiegend in unseren besorgt-erwachsenen Köpfen ab. Die 12- bis 16-jährigen pubertierenden Mädchen und Jungen (manchmal scheint's, als nähme die Pubertät der jungen Leute heute überhaupt kein Ende) hören viel genauer auf jedes Wort, das Mama oder Papa, mal in hilflosem Zorn, dann wieder in ernsthaftem Kummer oder tiefer Sorge, hervorbringen. Sie nehmen sich auch alles zu Herzen – geben sich nur enorm Mühe, dass keiner etwas davon bemerkt. Pubertäre Kinder sind, ganz im Gegensatz zu den rein äußeren Abläufen der kleinen und mittelschweren Familientragödien, in der Tiefe ihres Herzens schutzbedürftige Seelen, hilflos und fast ausnahmslos zutiefst von ihrer Wertlosigkeit und Unattraktivität überzeugt. Deshalb drei pädagogische und psychoanalytische Hinweise:

1. Pubertät ist ein zutiefst gespaltener Seelenzustand. Zum einen reifen die Kinder in eine Selbstständigkeit und Autonomie hinein, die sie verwirrt und zugleich stolz macht, angetrieben vom Wirbel der Hormone, die die ganze Welt in höchst eigenartige triebhafte oder triebähnliche Wahrnehmungen eintauchen lässt. Zugleich wollen sie in all ihrer Verwirrung am liebsten zurück in Mamas Schoß. Pubertät ist entgegen dem Augenschein eine tief regressive Phase in der jugendlichen Entwicklung. Das erfordert von Eltern eine Großmut, die nur einem Brahmanen oder asketischen Mönch in einer Wüste oder Berghöhle zur Verfügung stünde, jedenfalls keiner Frau und keinem Mann, die neben ihrem Kind auch noch einem Beruf nachgehen und außer mit Erziehung noch mit anderen Dingen befasst sind. Was folgt daraus? A. Pubertät muss man durchstehen, daran kann man gar nichts machen.

B. Diese leicht resignative Einsicht sollte allerdings nicht zu weit gehen: Die 14-Jährigen haben die Eigenart, nicht nur gegen alle erreichbaren Wände zu rennen und sich schmerzhafte Beulen zuzuziehen, manchmal begeben sie sich in der ihnen eigenen Art auch in ernsthafte Gefährdungen. Dann ist Schluss mit Gelassenheit. Dann müssen Eltern sich durchsetzen.

2. Aber aufgepasst! Pubertät ist ein großes Training für das kommende jugendliche und erwachsene Leben. Wer jetzt aus lauter Ratlosigkeit nur noch herumkommandiert, der könnte am Ende der Pubertät statt einer jungen, hübschen, selbstbewussten Tochter oder einem klugen, realitätstüchtigen jungen Mann ein mürrisches, geducktes, fortwährend unzufriedenes oder gar depressives Wesen am Abendtisch sitzen haben. Das deprimiert noch viel mehr als die schlimmste Teenager-Unverschämtheit.

3. Deshalb C. Behutsame Autorität ist angesagt, sie setzt zunächst einen inneren und äußeren Abstand voraus, eine kluge, behutsame und lenkende Stimme der Eltern. Nichts wollen, ja ersehnen diese Kids in ihrer wirren Pubertätszeit mehr als starke Eltern. Stärke ist aber nicht Lautstärke. Stärke ist souveränes und freundliches Begleiten, manchmal Ermahnen ohne Besserwisserei, fortwährendes Ausstreuen kleiner, kommunikativer Signale, die alle bedeuten: Wir, Mutter und Vater, haben dich lieb – und ganz gelegentlich ein derbes »Auf-den-Tisch-Hauen«. Das beeindruckt, auch wenn man es nicht glauben mag. Und entlastet die strapazierte Seele ganz erheblich. Doch wie alles in der Kunst und in der Erziehung: Es ist eine Frage des richtigen Augenmaßes.

# Lasst eure Kinder in Ruhe!

Mehr Kinder als je zuvor sind heute in Therapie. Ist es ein Zeichen dafür, dass tatsächlich immer mehr Kinder fremde Hilfe brauchen, weil sie sich in ihrem Leben nicht mehr zurechtfinden, oder dass Eltern viel zu oft das Gefühl haben, ihr Kind »reparieren« zu müssen, damit es so funktioniert, wie Schule und Gesellschaft es von ihm verlangen? Ich fürchte, es ist beides der Fall und beides hängt eng miteinander zusammen.

Die Eltern von heute sitzen ihren Kindern ständig im Nacken. Als ich Kind war, verschwanden wir nachmittags im Wald und unsere Eltern dachten nicht im Geringsten über unsere Siege und Niederlagen nach, sondern fragten abends nur: Hast du deine Hausaufgaben gemacht? Und meist guckten sie nicht mal nach. Kindern und Eltern hatten ihre eigenen Lebensbereiche.

Heute wollen Eltern immer perfektere Kinder haben. Die Kinder geraten dadurch häufig unter Angstdruck: »Wenn ich nicht so gut lesen kann wie der kleine Daniel, der neben mir sitzt, hat Mama oder Papa mich nicht mehr lieb.« Die Jungen ziehen sich oft ganz in die Depression zurück, haben große Schulängste, oder sie werden hyperaktiv. Die Mädchen verhalten sich unauffälliger, entwickeln aber in der Pubertät häufig Selbstbildstörungen – also Essstörungen und in letzter Zeit zunehmend auch Selbstverletzungen, ein Zeichen für ein tiefes, destruktives Gefühl der Ohnmacht.

Beide, Jungen wie Mädchen, haben ein hybrides, zwie-

spältiges Ich: Einerseits fühlen sie sich schwach und ängstlich, andererseits denken sie für sich selbst:»Ihr wisst ja gar
nicht, wie toll ich bin.« Die Jungen agieren das in Computer-
spielen aus, die Mädchen wollen Topmodels werden. Viele
Lehrer und Erzieher stehen dem relativ hilflos gegenüber,
sie sind, um solche Prozesse erkennen zu können, auch viel
zu schlecht ausgebildet, besonders die Lehrer. Wenn sie einen hyperaktiven Jungen vor sich sehen, wissen sie oft gar
nicht, warum er sich so verhält. Also kommen die Kinder in
die Therapie.

Insofern hat die stetig steigende Zahl von therapeutisch
behandelten Kindern auch mit der Schule zu tun. Sie ist –
bis auf Ausnahmen – so geblieben, als lebten wir noch in
den 1950er- oder 1960er-Jahren. Unsere Kinder aber haben
sich seitdem verändert – abgesehen davon, dass sich auch
ihr familiäres Umfeld radikal verändert hat. Heutzutage
sind die Kinder aus bekannten Gründen visuell sehr fix, haben aber Schwierigkeiten mit dem Zuhören. In der Schule
jedoch sollen sie still sitzen und mehr oder weniger nur zuhören. Dabei wissen wir, dass Erst- und Zweitklässler sich
maximal eine Viertelstunde konzentrieren können – und
auch nur auf das, was sie wirklich interessiert. Dazu kommt
die Selektionsangst. Mit acht Jahren geht es los: Komme ich
aufs Gymnasium?

Und die Eltern? Sie reagieren verunsichert, wenn sich die
gewünschte Leistung bei ihrem Kind nicht einstellt, und suchen Hilfe – beim Ergotherapeuten, Logopäden, Psychiater
oder Psychologen.

Wenn ich sehe, was ich aus der Psychiatrie und aus
kommunalen Einrichtungen für Gutachten bekomme, dann
kriegen besonders kleine Jungen ständig Ergotherapie ver-
schrieben. Entweder weil sie Lesestörungen haben, was mit
Ergotherapie eigentlich nichts zu tun hat, oder weil sie ein
bisschen rumzappeln bzw. sich – noch – nicht genau so be-

wegen, wie die Norm es vorschreibt. Nun ist gegen Ergotherapie im Prinzip nichts einzuwenden, den Kindern macht es ja auch Spaß, auf einem Trampolin auf und ab zu hüpfen. Beim Ergotherapeuten können sie wenigstens frei spielen, ohne gleich auf Leistung gedrillt zu werden. Aber insgesamt werden die Kinder viel zu früh und viel zu normativ beobachtet. Ich selbst habe mit drei Jahren angefangen zu sprechen, vorher hatte ich nur drei Urlaute: »Oh«, »Ah« und »Uh«. Damit kam ich glänzend zurecht. Und heute kann man mich nur mit Gewalt vom Sprechen abbringen ...

Die Überbesorgtheit vieler Eltern, ihre Angst, ihr Kind könne versagen, entspricht einem breiten Trend in unserer Kultur. Unsere Kultur ist individualisierend und isolierend. Beides entspricht nicht dem, wie Kinder eigentlich leben wollen. Kinder sind Gemeinschaftswesen, und Leistung um der Leistung willen interessiert keinen Fünfjährigen und im Prinzip auch keinen 10-Jährigen. Wir aber stülpen unseren Kindern diese Kultur über, und das ist einer der Gründe dafür, warum sie krank werden. Ich dagegen würde sagen: Lasst eure Kinder endlich in Ruhe, und liebt sie, weil sie durchschnittlich und nicht die »Besten« sind. Liebt sie als euer Kind. Es kommt nicht auf irgendwelche besonderen Talente an, sondern auf diese ganz bestimmte Form des Ohrläppchens, des Nackens, der Nase, etwas, das nur Ihr Kind hat.

10

# VON DEN NORMEN UND DER OFFENHEIT DES LEBENS

# Wo Wirklichkeit ist, ist auch Fantasie

Etwa mit 8 Monaten macht die Reifung des Gehirns einen enormen Sprung. Die Verschaltung der Nervenzellen im Gehirn erreicht eine neue Komplexität. Das Bewusstsein des Kindes erwacht zu einer enormen Plastizität. Jetzt – es kann aber auch im 6. oder erst im 12. Monat sein, das macht nicht den geringsten Unterschied – beginnt ein Kind zu begreifen, dass ein Ball nicht nur ein Ball ist, ein Ding nicht nur ein Ding, sondern dass es eine *Funktion* hat. Es gibt vielerlei zu entdecken an einem kleinen Gegenstand, die kantige Form ebenso wie die Art und Weise, in der ein Bauklotz entweder stehen bleibt und stabil ist oder kippelt, wackelt und fällt. Ähnlich ist es mit dem Ball, der rollen kann, der Tür, die sich öffnet, und Baby wittert, dass sich hinter der Tür lauter wundervolle Geheimnisse verbergen. Und so ist es auch mit dem Stoffbären, der auf Rädern dahergerollt kommt, und mit dem Löffel, den man einerseits kräftig auf den Tisch hauen kann, um sich gehörig bemerkbar zu machen, und den man ebenso zum Mund führen kann.

Die Dinge haben »Funktionen«, aber diese Funktionen sind äußerst vielfältig. Es ist eben eine verwirrende und bunte, konfuse und chaotische und ungeheuer spannende Welt, in die Baby Schritt um Schritt eintaucht.

Ich habe immer meine Bedenken, wenn die Entwicklungspsychologie von »Objektkonstanz« und »Kausalität« spricht, die das Baby zu verstehen beginne. Damit ist gemeint, dass unser Kind die Beständigkeit der Sachen unabhängig von seinem Willen und Schauen zu erkennen und dass es zugleich die Mittel-Zweck-Relationen *zwischen* den Sachen zu begreifen beginnt. Ja, das ist schon richtig, aber falsch ist es auch. Es ist eben, wie alle Wissenschaft, gegenüber der lebendigen Erfahrungswelt eines Kindes äußerst dürftig und abstrakt.

Die Funktionen der Dinge sind in sich vielfältig und der Umgang des Kindes mit ihnen ist es auch. Und dass ein Kind lernt, diese Funktionen zu verstehen und mit ihnen umzugehen, ist nur ein Aspekt dessen, was sich da abspielt.

Der andere ist, dass dasselbe Kind dieselben Funktionsweisen desselben Dings lustvoll in ihr Gegenteil verändert, dass es ein wildes und pures Vergnügen darin findet, wenn Dinge, die gar nicht fliegen können, plötzlich doch entschweben, dass es in eine geradezu poetische Verzückung gerät, wenn ein Stück Papier, das sonst immer auf dem Tisch liegt, plötzlich – von Papas kunstvoller Konstruktion gelenkt – als »Schwalbe« durch das Zimmer segelt.

Jedes Kind bleibt mit offenem Mund und unendlicher Freude davor stehen, dass die Dinge nicht nur so oder so sind und so oder so funktionieren, sondern dass sie *auch das Gegenteil* sind und tun.

Sie wachsen gleichsam über sich selber hinaus, sie widerrufen ihre eigene Funktion, sie sind spielerisch und poetisch. Sie sind den Fantasien, über die jedes Kind verfügt, verwandt.

Nun wächst dem Kind eine ganz besondere Fähigkeit zu, die nur menschliche Wesen haben. Schon ein Baby lernt nämlich, diese paradox-poetischen Eigenschaften der Dinge mit ihren normalen (funktionalen) Funktionen zu verbinden. Später, in der Sprache, wird sich dieser Vorgang wiederholen. Das Kind wird einerseits lernen, die Sprache entlang einer grammatikalischen Ordnung zu sprechen, und dann wird es lustvoll den Sinn der Worte verdrehen und damit spielen. Die Märchen und die großen Künste sind aus diesem feinen Stoff von Realität *und* Fantasie.

Dies alles ist Baby in die Wiege gelegt.

Hoch entwickelte Intelligenz entsteht, wo das Fantastische mit dem vernünftigen Funktionieren der Dinge zusammengebracht wird. Ein Kleinkind beherrscht just dies ganz vorzüglich. Es kann geduldig mit Bauklötzen entlang der Statik, Größenabschätzung usw. eine Burg bauen (oder etwas, das es für eine Burg hält). Und es kann mit derselben Freude die Burg zur Seite wischen und sich über das pure Poltern und Kullern der Klötze auf dem Holzfußboden freuen, und ebenso kann es einen Teil der Burg in die Hand nehmen und plötzlich damit Flieger spielen und sie durch die Luft segeln lassen. Ein Kind kann das alles, seine Welt ist ohne Widerspruch.

Wenn Eltern nun allzu sehr darauf beharren, dass die Dinge eine vernünftige Funktionsweise haben und sonst keine, dann wird genau diese Zusammenführung von Fantasie und Realitätserkennung unterlaufen. Damit wird der Zusammenhang von freier Kreativität und einer *komplexen* Intelligenz zerrissen. Die kindliche Intelligenz mindert sich, sie wird reduziert.

Und dies ist auch der Grund dafür, dass die allzu ernsthaft-bemühten Erzieherinnen oder Grundschullehrerinnen, die entlang der Pisa-Diskussion gelernt haben, dass man die Kinder auf Biegen und Brechen fördern müsse, bei den Kleinen so unbeliebt sind. Nicht weil sie zu viel intellektuelle Leistung von ihnen erwarten, sondern zu wenig. Das Entscheidende geht bei diesen Förderungen meist verloren, nämlich der verspielte, kreative (paradoxe) Teil der Intelligenz. Ohne den verläuft das menschliche Denken wie eine Maschine. Kinder wollen das nicht, sie wollen es auch nicht lernen. Sie wehren sich. Zu Recht.

# Fantasie muss geschützt werden

Kindsein ist schön, wenn man eine gute Kindheit hat. Liebevolle und gelassene Eltern, einige Freunde, auf die man sich verlassen kann, und nicht allzu viel Angst vor der Schule. Kindsein macht Spaß, wenn man an allen Ecken und Enden einige Sachen findet, in die man sich spielerisch vertiefen kann, ein Blatt hier, ein Haufen Sand und eine Schaufel dort – oder später, als Schulkind, ein Buch mit bunten Seiten. Alles ist verführerisch, alles lockt. Die Welt ist voller schöner Ankündigungen darüber, was man jetzt und in Zukunft alles in ihr ausrichten kann.

Im Spiel, zum Beispiel, steckt die Welt voller Möglichkeiten, ganz uneingegrenzt, so weit die Fantasie reicht. Fantasie ist eine besondere Begabung der Kinder, wir Erwachsene haben sie in dieser Weise nicht mehr.

Kindsein ist also schön und macht Spaß, wenn die Fantasie nicht allzu früh verloren geht. Wenn sie nicht vor allzu viel Trickfilmen im Fernsehen verdöst wird. Oder wenn das lebendige Fantasieren nicht bei allzu viel Allmachtsspielen im Computer mit XXL-Supermännern ganz und gar hybrid wird. Und darüber seine Lebendigkeit verloren geht.

Fantasie vertrocknet auch, wenn sie überversorgt wird. Fantasie benötigt einen gewissen Mangel, den ein Kind kreativ mit inneren Bildern ausgleicht. Wenn alles immer schon da ist, braucht es seine Fantasiebegabung eigentlich gar nicht. Fantasie will immer mehr als das, was mir gerade vor den Händen und Augen liegt. Die Fantasie der Kinder greift weit in die Zukunft aus, sie greift weit über das Reale hinaus, sie ist verschwistert mit dem unsterblichen Wunsch des Menschen, dass »immer alles anders sei«.

Sie ist der Stoff der Utopie.

Wo alles im Übermaß vorhanden ist, stirbt die Fantasie. Nein, sie stirbt gar nicht. Es ist viel trauriger: Sie trocknet ein, sie verdörrt und verarmt, sie wird steril und will das immer Gleiche, das sie dann für Erfüllung hält. *Aber lebendige Fantasie kennt keine Erfüllung, sie kennt nur das Streben. Das hält sie am Leben.*

Deswegen gehört zum Schutz für die Kinder und für eine glückliche Kindheit auch, dass man den Mangel parathält. Dass Wünsche nicht immer und sofort erfüllt werden, sondern für eine Weile ganz in der Zukunft liegen, der ein Kind entgegenfiebert. Die schöne Prinzessin und die Ritterburg wirst du (vielleicht!) bekommen, zu deinem Geburtstag oder zu Weihnachten. Dann hat ein Kind in seiner Fantasie schon hundertmal wunderbar mit der Prinzessin oder der Burg gespielt, sie in seiner Vorstellungswelt erkundet und verändert, bevor der Geburtstag oder das Weihnachtsfest mit dem ersehnten Geschenk wirklich eintritt.

Durch die Fantasietätigkeit ist das Spielzeug bereits ein einzigartiges geworden, es gehört schon ganz in die seelische Welt dieses Kindes und ist ihm zugeeignet. Wo das Wünschen zu schnell erfüllt wird, gibt es diese innere Zeit gar nicht, in der ein Kind sich mit dem Spielzeug und mit sich selber vertraut gemacht hat.

Die moderne Umwelt der Kinder raubt auf vielerlei Weise den Dingen ihren Glanz, den Wünschen ihre Besonderheit und der Fantasie ihre Kraft. Deswegen sage ich: Kindheit muss geschützt werden!

# Kindheit braucht Maßlosigkeit

Der folgende Gedanke schließt unmittelbar daran an. Kindheit braucht auch heftiges, robustes und maßloses Erleben. Ein Kind muss sich auch einmal ganz vorbehaltlos, sozusagen »total« spüren können. Auch daran mangelt es. Ein Beispiel aus meiner eigenen Kindheit: Wenn wir Dorfjungen verschwitzt vom Fußballplatz zurückkamen, dann hatten wir nur einen einzigen Gedanken im Kopf: *Wir haben Hunger!* Dieses Hungergefühl war in der Tat »total«, es füllte unser ganzes Sinnen und Trachten vollständig aus. Ein elementares Gefühl, das mit kindlicher Sorglosigkeit und Unbefangenheit gefühlt und befriedigt wurde.

Mutter oder Großmutter fuhren die erstaunlichsten Restbestände aus den Küchenschränken auf (denn damals war es nicht so, dass man einfach nur einen übervollen Kühlschrank öffnen musste), jedes Stückchen Brot, das sie hervorholten, jeder Rest Butter, den sie triumphierend aus irgendeiner Schüssel herauskratzten, veranlasste uns zu inneren und äußeren Jubelrufen. Ja, genau das ist es, was wir jetzt brauchen. Dann die Befriedigung beim Kauen, Mampfen, Schlucken, sie war so vollständig wie das Hungergefühl zuvor. Danach waren wir *satt*. Uns ging es gut. Körperlich und seelisch in schöner Übereinstimmung mit uns selber.

Diese Art von Hunger und Befriedigung ist heute selten geworden. Das hat sicher auch damit zu tun, dass unsere Kinder die mit diesem Hungergefühl verbundene Ärmlichkeit – oder sagen wir besser Kargheit – in ihren familiären Verhältnissen kaum noch erleben. Noch viel mehr aber hat es damit zu tun, dass sie sich nicht mehr so restlos auspowern, wie wir es taten, und deswegen diesen totalen Hunger oder Durst kaum noch kennen. In einer modernen, von Medien überspannten Welt ist alles gemäßigt, moderat. Alles ist auf eine vernünftelnde »Mäßigkeit« abgestimmt.

Mir kommt das immer kindfeindlich vor. Erwachsene hatten auch in früheren Generationen diesen kindlichen »Hunger«, diese Unbändigkeit nicht mehr. Sie ist ein Privileg für Kinder. Später im Leben gelten Vernunft und Anstand viel zu viel, als dass man sich vorbehaltlos und kühn irgendeinem Gefühl überlässt. Wir müssen ja immer unsere Integrität bewahren und uns souverän vor uns selber und den anderen darstellen. So »richtig hungern« tut man als Erwachsener eben nicht mehr. Das war auch vor zwei, drei Generationen so und so ist es heute immer noch. Aber heute erfahren selbst Kinder diese schöne Kinderunvernunft nicht. Die kleinen Mädchen lernen früh, dass alles gemäßigt verlaufen muss, insbesondere alles, was mit Körper und Körperbedürfnissen, mit Essen und Trinken zu tun hat. Und die Wildheit, das Austoben von kleinen Jungen können die meisten Erwachsenen nicht von Aggressivität und Gewalt unterscheiden. Alles wird auf ein vernünftiges Maß heruntergeschraubt. Alles muss stimmen!

Diese Stimmigkeit tut Kindern nicht gut. Ihnen ist ein Stück kindlicher Radikalität verloren gegangen. Ein Stück Vorbehaltlosigkeit oder, einfacher gesagt, die Begabung, sich auszuleben ohne Bedenken, ohne Wenn und Aber, ohne schiefen Blick auf das, was die anderen denken.

»Uns doch egal« – das war so ein Jungenwort, das bei uns im Dorf gang und gäbe war. Wenn wir Fußball spielten, war uns einfach alles andere gleichgültig. Die Schule und die Klassenarbeit am nächsten Tag, das Schimpfen von Mama und das drohende Gebrumme von Papa. »Uns doch egal«, Hauptsache wir gewannen das Spiel.

Hauptsache, wir konnten die Buben aus der Neustadt, die unsere traditionellen Feinde waren – »traditionell« hieß seit mindestens drei Jahren! –, in die Schranken verweisen. Hauptsache, wir konnten in den Bäumen unsere Holzhütten zimmern, und die hielten, wenigstens für zwei Tage. Hauptsache, unsere Buden, die wir im Gebüsch am Waldrand versteckten, standen noch am nächsten Tag und waren nicht von irgendwelchen anonymen Feinden (dazu zählten Förster, Polizisten, streunende Hunde und Spaziergänger!) zerstört worden.

»Uns doch egal«, dieser kühne Schnitt quer durch die Realität, den nur Kinder wagen! Und auch Kinder wagen ihn nur, wenn sie einerseits Freiräume für ihren Lebensmut erhalten und sich zugleich – das ist kein Widerspruch – in einem vertrauten und geordneten, also verlässlichen Lebensgelände bewegen. *Wir Jungen bezogen unseren Wagemut auch daher, dass unsere Lebenswelt so gesichert war.* Wir bewegten uns mit unserer Ausgelassenheit in einem Raum sozialer und persönlicher Geborgenheit. Wenn der in Frage gestellt wurde, dann wurden auch wir ängstlich und verklemmt. Aber das passierte eigentlich nie. Wir verschwendeten kaum einen Gedanken daran.

Wenn die Welt unsicher wird – dann verlieren die Kinder ihren Mut. Und wo sie den Mut verlieren, da verlieren sie auch das Vertrauen in ihren Körper, in ihre eigene Kraft. Dann verläuft eben alles zögerlich. Dann rast man nicht mehr auf den Fußballplatz, egal, ob am nächsten Tag eine Klassenarbeit droht oder Mama schimpft (»Uns doch egal!«). Dann rauft man sich nicht mit anderen Kinderbanden im Wald, sondern achtet ängstlich auf die wertvollen Markenklamotten, die zur Präsentation des Selbstbewusstseins am nächsten Tag auf dem Schulhof vorgezeigt werden müssen.

Dann hat alles in sich eine Hemmung, alles wird in ein kontrollierendes und selbstkontrolliertes Maß gerückt, dann verliert sich die Tollkühnheit, die jedem Kind in gewissem Umfang eigen ist. Ängstlich werden die Kinder dann. Ängstlich und gehemmt. Und deshalb träge. Dann verharren sie lieber im Stillstand vor dem Fernsehapparat und lassen ihren Kopf mit passiven, virtuellen Abenteuern füllen, die kein Risiko bergen. Dann schieben sie ihr schlechtes Gewissen vor der ängstigenden Klassenarbeit am nächsten Vormittag vor sich her, können sich aber trotzdem nicht von den Fernsehbildern lösen.

Sie haben viel zu viel Angst vor Versagen und schlechten Noten, als dass sie sich zum Lernen aufraffen könnten. Ihre Ängstlichkeit verliert sich in diffuser Trägheit. So bleiben sie einfach vor dem Fernseher hocken, brechen aber am nächsten Tag angesichts der Mathe-Aufgaben seelisch schier zusammen.

Nein, die Kinder heute lernen nicht besser und *mehr*, als wir es taten, obwohl wir uns, abgesehen von der vorgeschriebenen Pflichtstunde für die Hausaufgaben, kaum um Schule und Schulergebnisse kümmerten. Bei den eigenen Freunden waren diese Noten sowieso egal. Wer ein guter Torwart oder ein glänzender »Knipser« (das ist die Fachbezeichnung für Stürmer, die das Tor treffen) war, der musste sich zwar immer noch um Schulnoten sorgen, aber die Sorge war eben nicht total, nicht restlos. Sie füllte den Kopf nicht aus. Sie war nicht genug für ein kleines Kinderleben. Daneben und darüber gab es noch vieles andere. Und das war viel mehr wert.

Die Wildheit im Spiel und das Selbstvertrauen, das man bei tollkühnen Aktionen gewinnt und nirgendwo sonst, das ging dann am frühen Abend in ein ganz anderes Gefühl über. Nach allem Lärm und Getöse draußen und nach dem vergnügten Essen zu Hause verfielen wir oft in Momente von Stillsein, die es heute auch kaum noch gibt. Wir waren körperlich und seelisch gesättigt, nun waren Raum und Ruhe für eine spannende Geschichte in einem Buch oder für die »Schlacht um Troja« in der Bäckerzeitung (für allzu viele Bücher hatten Eltern und Großeltern oft das Geld nicht, man las, was einem unter die Augen kam).

Und das führt zu einem weiteren Punkt: Dieses Leben hatte nicht nur seine Maßlosigkeit, sondern auch seine Diskrepanzen, Abwechslungen. Erst das wilde Gebrüll auf dem Sportplatz oder im Wald, dann das unbefangene Mampfen an Mamas Küchentisch, dann die Momente von Ruhe, Nachdenklichkeit, vielleicht ein Buch vor der Nase oder eine der damals beliebten Zeitschriften wie »Rasselbande« und später »Bravo«. Das war Vielfalt. Das Leben war »vieles, nicht nur eines«. Es war offen. Auch das macht Kindern Mut und auch das fehlt unseren modernen Kindern.

Für uns galt damals: Wenn heute etwas schief geht, nun ja, morgen ist auch ein Tag. Morgen wird wieder gespielt und gerauft, wieder gebibbert vor der Klassenarbeit und am Nachmittag ist sie vergessen. Morgen gibt es neue Baumhütten, die gebaut oder verteidigt werden müssen, und neue Wagnisse, die alle bestanden sein wollen. Daneben gibt es natürlich auch die Schule und Aufgaben, die den Eltern so wichtig waren. Es gab dies »alles«, alles gleichzeitig. Das Leben war »voll«.

Und genau so soll Kindheit sein, wenn sie gut ist. *Voll* soll sie sein, nicht abgemildert, nicht mit schiefem Blick auf das, was die anderen denken. Auf das, was die anderen tragen, auf ihre Schuhe, ihre Shirts, ihre Frisuren. Nicht voll gestopft mit permanentem Perfektionsverlangen von der Ballettgruppe bis zum Singkreis, nicht voller Ängste und Streben nach den besseren Noten, damit die Gymnasialempfehlung gelingt. Nichts von dem ist kindlich. Kindheit soll unbändig, sprunghaft, vielfältig sein. Sie ist es viel zu selten.

Ich bin sicher, dass die Langeweile, über die Kinder heute so oft klagen, und die Tatsache, dass sie auf Klamotten und das neue Handy so viel Wert legen, mit diesem Mangel an Vielfalt zu tun haben. Eng ist ihre Welt geworden. Überfokussiert zentriert sich die Kinderfantasie auf die Robocops und Barbiepuppen aus dem Fernseher und dem Computer. Daneben gibt es dann nicht mehr viel, nur noch die Schule, die Kindern unendlich Angst macht. Dazwischen, darüber, daneben ist nichts.

# Auch Niederlagen gehören zum Kinderglück

Gewiss, Kindheit war auch vor einem halben Jahrhundert schwierig. Die Schwierigkeiten waren ganz anderer Art. Vielleicht müsste man sie der Ausgewogenheit wegen an dieser Stelle ganz ausführlich schildern, aber Ausgewogenheit ist nicht unbedingt mein Talent. Mir geht es auch nicht um erinnerungsselige Vergangenheitsbeschwörung, mir geht es um die Kinder heute. Meine Kindheit ist vorbei, alles in allem war sie gut und ich bin froh darüber. Meine Sorge gilt aber nicht meiner entschwundenen Kindheit, sondern den Beeinträchtigungen, die Kinder heute an allen Ecken und Enden erleiden. Es ist doch seltsam, dass noch nie in einer Kindheit so viel symbolische Abenteuer, so viel mediale Fantasie, so viel unzensierte Informationen – also so viel Fülle und Versorgung – bereitgehalten wurden wie heute. Und dass zugleich die Kinder oft so müde wirken, so eingeengt, als würden sie in allem und jedem auf ein bestimmtes Maß gepfercht, als würden ihnen ihre Tollkühnheit ebenso wie ihre Wildheit, der maßlose Hunger wie das ebenso maßlose Spiel ausgetrieben, als stünde ständig ein imaginärer Wächter an ihrer Seite, der sie zur Vernunft und geordneten Verhaltensweisen anhielte.

Es ist doch so, dass diese Kinder, die so frei erzogen werden wie nie eine Kindergeneration vor ihnen, so seltsam geduckt durch die Welt laufen. Das macht mir Sorgen. Es hat damit zu tun, dass alles zu verplant ist, zu überschaubar. Wo das Leben überschaubar ist, da hat es diese aufreißenden Wechselfälle, dieses Unerwartete, das immer wieder neue Chancen hervortreibt, nicht oder nicht in ausreichendem Maße. Ein Kind, das heute mit zehn Jahren auf ein schlechtes Zeugnis zusteuert, ist die nächsten Wochen und Monate mit dieser *einen* Tatsache konfrontiert. Immer wieder tritt sie in sein Leben, alles dreht sich um Motivation und Förderung, die Eltern hasten von einer Beratungsstelle zum Lerninstitut und pauken anschließend noch selber mit dem geplagten Wesen. Es entwickelt Angst und mit der Angst Trotz – und kann mit beiden nicht fertig werden. Die schlechte Note steht wie ein Verhängnis über dem ganzen Kinderleben.

Nein, das war früher nicht so. Jedenfalls in der Regel nicht. Natürlich gab es schlechte Zensuren – deutsche Schulen haben ihre Bewertungswut (für alles und jedes gibt es eine Note) nicht verloren, daran konnte die moderne Lernpsychologie nichts ändern –, auch früher gab es Schimpf und Schande bei schlechten Noten, und es gab sogar Strafen, manchmal körperliche, denen die Kinder heute Gott sei Dank weniger ausgesetzt sind. Das alles gab es, aber es war nicht so *rest-los*. Es blieb immer noch etwas anderes. Es blieb eben das wilde Gerenne auf dem Sportplatz und schuf ein Gegengewicht. Sogar eine Tracht Prügel zu Hause konnte von der Bewunderung der Freunde, wenn man bei der Rauferei in der Steinschlucht, tief im Wald, wieder einmal der Mutigste war, locker aufgewogen werden. Die Welt war nicht so zugenagelt, das ist das ganze Geheimnis.

Ein Kind, das sich wild und auch mal »maß-los« und intensiv fühlt, das wilden Triumph erlebt und ihn mit Jubel begleitet, das kommt dann auch mit Niederlagen besser zurecht. *Offenheit und Wagemut sind Talente von Kindern und in beiden nistet das Glück.* Wann ist in der psychologischen Beratung oder im schulischen Elterngespräch eigentlich davon einmal die Rede?

Die meisten Erziehungsratgeber und psychologischen Betreuungen haben etwas Gedämpftes, einen langweilig milden, absichernden und risikoscheuen Tonfall. Sie verfahren behutsam und rücksichtsvoll. Sie motivieren endlos und sorgen sich, dass dem Kind zu viel zugemutet werden könnte. Ja, ja, das ist alles gut und schön und nett gemeint. Aber die andere Seite, das Gegengewicht fehlt. Die Aufregung, die ein Kind in Bewegung setzt, die Spannung, bei der es vibriert, der jubelnde Stolz und die bittere, bittere Niederlage. Sogar die kann stärken! Stattdessen gehen wir ganz, ganz behutsam mit den Kleinen um, Grundschullehrerinnen empfehlen, das Kind bloß nicht zu überfordern – die Kinder werden weich eingehüllt. Aber schon am Ende des 3. Schuljahres kündigt sich dann die knallharte, bittere bürokratische Entscheidung an: Dieses Kind ist für das Gymnasium nicht geeignet! Dieses Kind gehört auf eine Förderschule oder Hauptschule! Plötzlich ist er wie weggeblasen, der weiche Tonfall. Plötzlich ist für dieses Kind, das Widerstände kaum gelernt und Härten nie zuvor erfahren hat, die Zukunft wie versperrt.

Natürlich wollen alle Eltern ihre Kinder vor allem und jedem beschützen. Das ist ja gut und richtig so. Aber sie müssen eben auch den *Wagemut* des Kindes schützen und stärken. Starke Eltern schaffen es, ihrem Kind auch das Scheitern zu ermöglichen. *Eltern müssen einen offenen Sinn auch für das Tragische im Leben haben.* Auch das gehört zu einer kräftigen Kinderseele: die Tränen, die Enttäuschung, das Hinfallen. Wir müssen, und wenn es noch so schwer fällt, die Kinder auch einmal fallen lassen. Und *dann erst* die Tränen trocknen und trösten.

# Besorgte Eltern machen ängstliche Kinder

Muss ich diesen Gedanken noch weiter deutlich machen? Er ist zentral. Ich tue es einfach, auch auf die Gefahr hin, mich zu wiederholen. Vielleicht sagen Sie bei den nächsten Sätzen: Nun gut, wir hatten es schon im vorigen Kapitel verstanden! Macht nichts. Lesen Sie trotzdem weiter: *Es gibt kein Kinderglück ohne Trauer. Und ohne Trauer keine starken Kinderseelen.* Wir Erwachsenen haben einen ausgereiften Sinn für Planung. Wir denken immer die Zukunft mit. Wir mindern das Risiko für uns selber und unsere Kinder. Das ist vernünftig. Nur eben nicht immer! Die Verplanung des Lebens unserer Kinder bedeutet, dass sie keinen eigenen Mut und Willen benötigen und ihn deshalb auch nicht entwickeln. Wir lassen es gar nicht so weit kommen, dass die Gymnasial- oder Realschulempfehlung wirklich auf dem Spiel steht. Viel früher schon beginnen wir damit, unsere Kinder zu motivieren oder mit viel Getöse und Geschimpfe zum Lernen zu zwingen. Lernen und Lernen und sonst nichts, bis die Gefahr abgewendet ist.

Kinder denken nicht so, so planmäßig. Das liegt nicht in ihrem Wesen. Kinder lassen es gern darauf ankommen! Kinder warten gern ab, bis die dritte Fünf zu ihrer stummen Verzweiflung unter einer Klassenarbeit (oder einem Test, wie man heute betulich sagt, obwohl sich an der Sache nichts geändert hat) prangt. Kinder warten den Risikopunkt gern ab.

Dann – aber erst dann – brauchen sie allerdings unsere Hilfe. Sie neigen ja dazu, einfach wegzusacken, sich wegzuducken, wenn etwas schief gelaufen ist. Sie sind Kinder und noch nicht fähig oder bereit, sich einer wirklich schwierigen Sache zu stellen. Genau dazu haben sie Eltern. *Dann*! Aber zunächst einmal, am Anfang, muss die kindliche Erfahrung stehen, dass hier eine Herausforderung auf sie wartet. Und zwar eine ernste! Zunächst einmal muss ein Kind wirklich erlebt haben, wie das ist mit einer »Fünf« oder einem sportlichen Reinfall im Verein oder sonst was. Mit der Hilfe der Eltern richtet sich der kindliche Mut wieder auf, dabei dürfen Papa und Mama dann auch antreiben, stoßen und »pushen«. Mut sollen sie machen, und wenn der Mut mal ausbleibt und unter einer trägen missmutigen Traurigkeit einzusinken droht (auch das ist kindlich!), dann dürfen sie auch autoritär sein: »Du *musst* dich durchbeißen. Du *musst* lernen oder üben, trainieren oder sonst was!« Nur sollte ein Kind bei all dem wissen, dass es *seinen eigenen Kampf* besteht.

Kommt es am Ende mit all dem schließlich doch nicht ganz ans Ziel, nun gut, dann springen die Eltern zum zweiten Mal ein. Mag schon sein, dass ein Schuljahr wiederholt werden muss. Oder eine Aufnahmeprüfung für die nächsthöhere Stufe bei den Pfadfindern oder in der Jugendfeuerwehr noch einmal angegangen werden muss. Kann schon sein, schmerzt auch! Aber dieses Kind hat gelernt, dass es selber gekämpft oder nicht genug gekämpft, gearbeitet oder nicht genug gearbeitet hat. Dass es selber sein Schicksal in der Hand hat und nicht immer nur passiv und gelangweilt hinter Mama und Papa hertrotten kann. In dem »wiederholten« Schuljahr beispielsweise haben die Eltern dann ein *erfahreneres* Kind an ihrer Seite, gemeinsam kriegt man das neue Schuljahr schon auf die Reihe! Der kindliche Wille ist durch eine Erfahrung hindurchgegangen. Er ist dabei stärker geworden.

Aber so weit lassen wir es eben meist nicht kommen. Stattdessen sieht es in den allermeisten Familien so aus: Die Eltern ahnen in weit reichender planender Voraussicht bereits ein halbes Jahr im Voraus, dass eine schlechte Zensur oder eine Nichtversetzung drohen könnte, dann setzen sie alle Hebel in Bewegung, sie lesen Erziehungsratgeber »Wie lernt ein Kind richtig« und bringen den motivationsfördernden Nachhilfeunterricht ins Gespräch; diese oder jene Methode, die sie einem neuen Bestseller oder einem ausführlichen Beratungsgespräch mit einem Kinderpsychologen entnehmen, wird ausprobiert. Kurzum, bevor die Kinder an den gefährdenden Rand der Risikoerfahrung gelangen könnten, haben ihre Eltern alles schon abgedämpft, abgemildert. In diesem wohligen Vorsorgeklima richten sich die Kinder ein.

Wieso wundern wir uns denn, dass sie sich genau so verhalten, wie es so viele Eltern immer wieder beklagen? Sie lassen sich mühsam und widerwillig – letztlich aber ohne starken eigenen Willen – zu eben der Nachhilfestunde oder dem Beratungsgespräch schleifen. Sie ziehen müde und ein wenig genervt einfach mit, und die Versetzung wird dann wirklich geschafft, aus der bedrohlichen Fünf wird ein versöhnliches »eben noch befriedigend«. Die Gefahr ist abgewendet. Aber die Erfahrungsmöglichkeit für das Kind eben auch. Wieder hat es nicht gelernt, sich durchzubeißen, seiner Angst zu widerstehen und aus ihr Mut zu schöpfen statt stumm-passiver Resignation. Wieder sind Eltern und Kinder nicht gemeinsam an den äußersten Erlebnispunkt gegangen, an dem *wirklich* etwas auf dem Spiel steht. Wieder ist alles halbherzig und mit halber Intensität gelebt.

In solch einem Leben kann es die Gegensätze, die belebenden Widersprüchlichkeiten (hier die schlechte Note, dort der tolle Torschuss im entscheidenden Moment!) nicht geben. In solch einem Leben ist das Moderate zum Prinzip geworden. Dieses Prinzip wird in der Versorgung durch

Fernsehbilder und digitale Töne aus dem Walkman fortgesetzt. Ich wiederhole es: Unsere Kinder werden müde dabei. Sie wirken immer ein wenig glatt, schlapp, zugleich clever, und irgendwie warten sie immer darauf, dass jemand für sie einspringt. Das Wort Risiko lernen sie im Wesentlichen, wenn sie 16 oder 17 Jahre alt geworden sind, aus den Finanzbeilagen in Papas Tageszeitung. Und manche in den Drogenberatungsstellen. Denn das ist die andere Seite der passiven Versorgung: Irgendwann, als Teenies, brechen sie aus. Aber sie haben die Kraft nicht für ein risikoreiches und spannendes Leben. Sie wollen etwas erleben, aber gleichzeitig »total« versorgt werden. Sie wollen auch ein intensives Leben – wie wir, wenn wir aus dem Wald und seinen Abenteuern hungrig am Abendtisch einkehrten –, aber sie wollen es passiv. Es soll ihnen zugeführt werden. *Ihre* Abenteuer sind die brüllenden Töne der digitalen Medienmaschine und für manchen die Droge, die alles beschleunigt und intensiviert, bis man sich ganz vergisst und verliert. Schauen wir nur genau hin: Genau darauf hin haben wir unsere Kinder trainiert.

# Manchmal soll man Kinder ganz maßlos verwöhnen

Ergänzung: Gehen Sie einmal die verschiedenen Erziehungsberatungsbücher oder die Beratungsecken in der Fernsehzeitschrift oder sonst wo durch. Sie werden immer wieder auf diesen Punkt stoßen, dass es von allem »nicht zu viel geben dürfe«. Nicht so viel Verwöhnung, nicht so viel Strenge. Nicht so viel Fernsehen, aber auch keinen übermäßigen Ehrgeiz im Sport (wo bleibt sonst der Sinn für die Schule). Immer soll alles mäßig sein. Solche Ratschläge sind nicht falsch. Jeder einzelne ist für sich genommen durchaus vernünftig. Aber in der Gesamtheit macht gerade diese Vernunft das Problem aus.

Beispiel Verwöhnung.

Ja, ich bin in der Tat der Meinung, dass die modernen Kinder verwöhnt werden und dass es ihnen nicht gut tut. Das habe ich vor vielen Jahren geschrieben. Seither habe ich es noch viel häufiger in vielen Büchern und Zeitschriften gelesen. Inzwischen wissen wir es alle: Nein, wir dürfen unsere Kinder nicht so sehr verwöhnen. Das ist für sich genommen, wie gesagt, zutreffend. Und trotzdem steckt auch hierin eine Mäßigkeit, die einem auf die Nerven gehen kann.

Das Leben ist widersprüchlich. Alles kann manchmal auch ganz anders sein. Zum Beispiel so: Töchterchen erblickt das Licht der Welt, stellt sich auf die eigenen Beine, entwickelt sich zu einem bezaubernden Geschöpf, geradezu einer »Prinzessin« wie aus dem Märchenbuch. So zumindest kommt es dem liebevollen und in seinem Papa-Glück erstrahlenden Vater dieses Zauberkindes vor. Er will auf sein inniges still-bewunderndes Glück auch keine Sekunde verzichten, es macht ihm viel zu viel Freude. Kurzum, er verwöhnt sein Töchterchen nach Strich und Faden.

Jeder vernünftige Erziehungsratgeber oder Psychologe wird diesem Vater, wenn er ihn denn in die Finger bekäme, ermahnen, dass die ganze Verwöhnerei dem Kind nur schade. Ich selber habe, wie gesagt, solche Ermahnungen Land auf, Land ab vorgetragen. Und ich habe Recht damit. Nur eben nicht immer!

Es *könnte* nämlich auch so kommen: Papa kann also gar nicht aufhören, seinen kleinen Sonnenschein zu bewundern, zu verzärteln, eben zu verwöhnen. Gegen alle wohlfundierten Ratschläge ist er schlicht resistent!

Ein Kinderpsychologe verzweifelt an solchen Vätern. Vielleicht wird sein Töchterchen daraufhin wirklich so ein zickiges, selbstverliebtes und sozial unsicheres Wesen, wie die Psychologie erwarten lässt. *Vielleicht* aber erwachsen in diesem Kind aus der ganzen Verwöhnerei eine tiefe innere Zuversicht, eine große seelische Stärke.

Papa hat ihr eine derart beseligende Zuversicht mitgegeben, dass sie sich wirklich jederzeit rundum geliebt fühlt und infolgedessen ihrerseits ein liebenswürdiges Verhalten an den Tag legt.

Darauf baut dieses Mädchen ein ganzes glückliches Leben auf. Mag schon sein, dass sie zwischendurch mal »zickige« Phasen hat (wie die besorgten Kinderpsychologen es dem Vater hätten prognostizieren können, wenn er sie gefragt hätte), dass sie auch Enttäuschungen und manchmal bitteres Leid erleben muss – aber ihre uneingeschüchterte Liebeserwartung, ihre Zuversicht, letztlich immer »liebenswert« zu sein, lassen sie solche Krisen überstehen.

Ich kenne wunderbare Frauen, die ihren Charme (einen

strahlend-unverwechselbaren) aus nichts anderem als aus Papas nicht nachlassender Liebe beziehen.

Kurzum, nichts ist einfach, nichts kann man im Geschehen zwischen Eltern und Kindern als endgültige Norm formulieren: So und so muss es sein und dann wird alles gut, bei diesem und jenem Erziehungsfehler tritt garantiert diese oder jene Störung ein! Alles ist offen, immer wieder. Nichts ist so sehr der Zukunft zugewendet wie die Kindheit, und kein Ratgeber-Schreiber und kein Lehrer, kein Psychiater und sonst niemand weiß mehr über das Glück dieses Kindes als Papa und Mama, die es in diesem Kinderherzen begründet haben.

# 11
# WAS LIEBE ALLES VERMAG

# Vom Glück der Hingabe

Schon diese Kapitelüberschrift klingt altmodisch, nicht wahr? Bei vielen sträubt sich buchstäblich alles, wenn Worte wie »Passivität« oder »Hingabe« genannt werden. Besonders dann, wenn solche Worte auch noch mit »Weiblichkeit« oder mit Frauen in Verbindung gebracht werden. Da wittert unsere aufgeklärte Vernunft doch sofort Unterdrückung, alte patriarchalische Muster, Machogehabe, kurzum, die Rückkehr der alten Zeiten, die wir überwunden geglaubt hatten. Wollen wir das denn wieder haben? Die passive unterwürfige Frau, das Weibchen und den starken Mann? Nein, wollen wir nicht. Aber die Fragestellung ist auch ganz falsch.

Hingabe ist eine besondere Begabung, eine *Gabe*, die zum Glücklichsein gehört. Wer nicht passiv sein kann, wer sich seinen innigsten Wünschen nicht überlassen kann, hat nicht die Gabe, glücklich zu sein und glücklich zu machen. Nun ist dieses Wechselspiel von Passivität und Aktivität bei den Geschlechtern unterschiedlich gestaltet. Männliche Aktivität hat einen anderen Charakter als weibliche, sie hat viel mit Machen, mit Verfügen und Funktionieren zu tun. Dies zu leugnen ist geradezu albern. Männer sind fasziniert vom Funktionieren der Technik, manche – aber das ist vielleicht ein unfaires Beispiel – verwechseln manchmal ihre eigenen Körperkräfte mit den »Potenzen« eines Motors. Es gibt tatsächlich heute noch Männer, die persönlich gekränkt sind, wenn ihr Auto nicht funktioniert. Sie lieben ihr Auto wie sich selber.

Einer Frau passiert das nicht.

Aber natürlich gibt es auch männliche *Begabungen*, wiederum im Umgang mit Technik oder Handwerklichen, die Frauen seltener (wenn auch keineswegs *nie*) zur Verfügung stehen. Es gibt ja Mädchen, die ein wildes Vergnügen dabei empfinden, eine Baumhütte zu bauen oder einen Tisch zu zimmern. Aber besonders viele sind es nicht. Es gibt sogar Männer (obwohl ich es nie nachempfinden werde), die mit vergnügten Sinnen in einem Kaufhaus einkaufen gehen, statt wie unsereiner nach wenigen Minuten in wilde panikähnliche Schweißausbrüche zu verfallen. Es gibt tatsächlich Männer, die versunken vor den Auslagen eines Schmuckgeschäftes stehen bleiben und sich über eine längere – für andere Männer (wie mich) *unerträglich* lange – Zeit nicht davon lösen können. Das alles gibt es, ist aber selten. Was folgt daraus?

Folgt aus diesen Unterschieden eine potenzielle oder reale Unterdrückung der Frau? Nein, natürlich nicht. *Vive la différence!* Es lebe die Differenz, die zwischen den Geschlechtern, die zwischen den Ethnien, die zwischen den Kulturen! Verschiedenheit macht das Leben bunt und vielfältig. Der profane Satz, dass Frauen all das, was Männer können, ebenso könnten, ist ein kleines bisschen dumm. Er leugnet die schönen Differenzen zwischen den Geschlechtern und ebnet sie zugunsten einer ideologischen Norm ein. Das ist glücksfeindlich. Ein freiheitsliebender Geist denkt genau umgekehrt: Die Normen haben sich den Differenzen zu fügen. Werte, auch ethische Werte gibt es nur dort, wo es die Anerkennung von Unterschieden, von Differenzen gibt.

Unsere wesentlichsten Glücksquellen empfangen wir aus der Differenz und aus der Freude an ihr. Die Unterschiede erweitern und bereichern unsere Seele, und wenn Unterschiedliches, und doch Ähnliches, sich sanft berührt, entsteht eine eigenartige Faszination, die aus Nähe und Fremdheit gewoben ist. Darauf zu verzichten ist einfach nur blöd. Und damit sind wir wieder beim Anfang dieses Kapitels. Glück entsteht durch Hingabe. Glück wächst aus der Passivität. Ja, ich weiß schon, für unsere abendländische Kultur ist dies ein höchst irritierender, sogar provozierender Satz. Wir sind eben so ganz eingestellt auf den »Mann der Tat«, den schon Faust in seinem Eingangsmonolog preist. Der handelnde Mensch, der aktive Mensch, der seine Umwelt gestaltet und sich selber reguliert, das ist das Ideal des abendländischen Menschen. Aber ein Glück versprechendes Ideal ist es nicht. Wir wissen das auch alle. Gelegentlich haben die Romantiker ein anderes Glück entworfen und dafür wunderschöne Bilder gefunden. Ihr beliebtestes Exempel aber waren – nicht zufällig! – die Kinder.

Kinder kennen dieses Glück der Passivität, das darin besteht, dass man ganz und gar in die Dinge versinkt, dass man ganz und gar aufgeht in die Betrachtung eines Blattes oder eines heruntergefallenen Astes, einer Pfütze, die fröhlich aufspritzt, wenn man hineinspringt. Kinder vergessen Zeit und Raum und alle vernünftigen Kategorien im Spiel. Eben dies macht das Kinderspiel so anziehend für uns Erwachsene. Aber für uns selber wollen wir dies nicht gelten lassen. *Wir* müssen immer handeln, tatkräftig sein. Wir müssen immer aktiv und »auf Draht« sein, um uns im Leben zu beweisen. Immer auf dem Sprung, das führt zu jener Ruhelosigkeit, die den modernen Alltag vieler Familien bestimmt und unsere Kinder ansteckt.

Glück liegt darin, passiv sein zu können, sich hinzugeben. Es ist eine große Leistung. Allerdings sieht man sie nicht, man kann mit ihr nicht herumprotzen. Glück liegt in der Versunkenheit. Kein Bild beschreibt dies für unsere Kultur inniger als das des Stillens des Kindes durch die Mutter. Dort gibt es diese Versunkenheit. Sie ist nicht narziss-

tisch, nicht egoistisch, sie ist *achtsam*. Die Mutter umhüllt
und sichert das Kind, während sie es nährt und dabei selber
»still« wird, sie versinkt in eine Art symbiotische Innigkeit
mit sich und dem Kind, lässt sich ganz einfangen und einwe-
ben von der warmen atmenden Nähe der kindlichen Existenz und ihrem eigenen Vermögen, es zu nähren. Kind und
Mama sind dann ein in sich gehülltes Weltzentrum, das für
eine kleine Dauer ganz aus sich selber lebt – zu-*frieden*. Ein
vollständigeres Glück gibt es kaum.

Nur wenig von all dem gelingt uns in unserem sonstigen
Alltagsleben. Selbstvergessene Momente, in denen wir ganz
durchlässig für die Welt um uns herum sind, als fließe alles durch uns hindurch – das haben wir selten. Aber jeder
solcher *Momente* – mehr glückt uns ohnehin nicht! – ist unendlich besänftigend. Nichts daran ist »vernünftig«. Unser
rational trainierter Verstand hat deshalb meist Schwierigkeiten, sich an solche Augenblicke überhaupt zu erinnern, ge-
schweige denn, sie wertzuschätzen. Und dennoch: Sie sind
da! Sie stellen sich absichtslos ein. Wir fühlen für eine kurze
Zeitspanne, dass wir die Welt nicht nur »haben«, sondern
sie auf sonderbare Weise mit allem und jedem *teilen*. Genau
dann überkommt uns eine Ahnung von Glück. Und dann?
Dann hetzen wir schon wieder hinter dem nächsten Ziel
her, genau wie Brecht es beschrieb: »Ja renn nur nach dem
Glück, doch eile nicht zu sehr, alle rennen nach dem Glück,
das Glück rennt hinterher.«

So ist das mit dem Glück. Planen kann man es nicht. Es
stößt uns zu. Und dann wissen wir oft nichts damit anzu-
fangen! Zuletzt lässt sich unser Grundgefühl ungefähr so
umschreiben: *Irgendwo muss es das Glück geben, aber es
ist immer dort, wo ich gerade nicht bin.* Wir mühen uns,
hetzen und schwitzen und kommen immer dort an, wo wir
gar nicht sein wollten.

Nur das Glück ist eben immer gerade woanders.

Unsere Ziele sind meist funktional und kalt. Karriereziele, bessere Noten, bessere Bewertungen der einen oder anderen Art – dies ist oft der Charakter unserer Zielvorstellungen. Das ganze Gehetze und Geschwitze lohnt nicht. An manchem Leistungssportler, der zur Leitfigur unserer Leistungskultur geworden ist, lässt sich diese unglückliche Unruhe beispielhaft ablesen. Kaum ist ein Sieg errungen, da redet er schon vom nächsten Spiel. Alles ist nur Herausforderung, nur Streben. Letztlich Herausforderung auf nichts hin, Streben ins Leere. Dann bedeuten Depressionen für den einen oder anderen buchstäblich das Ende der Karriere.

Wie sollen wir damit glücklich werden?

Passiv mit und in den Dingen schwimmen, wie ein Fisch im Wasser, umhüllt und einig – das sind konkretere Bilder einer Glücksutopie. Aber sie wollen uns partout nicht »glücken«. Im Alltag haben sie kaum Gewicht. Bis auf eine Ausnahme. Ich habe sie eben schon beschrieben: Die Innigkeit zwischen Mutter und Kind, das ist ein stimmiges Bild, das wir alle, sogar wir Männer, nachempfinden. Ein Bild von unabweisbarer Plausibilität. (Die Kunstgeschichte ist nicht zufällig, meist mystisch überhöht, voll von diesem einen Motiv.)

Ist es nicht ganz offensichtlich, dass dieses Glück ein weibliches Privileg ist? Von da aus wage ich die Behauptung, dass es eine – menschheitsgeschichtlich begründete – Begabung zum Glück gibt, die Frauen in besonderer Weise zur Verfügung steht. Sie hat mit der symbiotischen Einheit während der Schwangerschaft zu tun, vielleicht auch mit der Hingabe in der Sexualität, in jedem Fall mit Stillen und Nähren des Neugeborenen. Sie bedarf des Schutzraumes, sie ist ein gewaltiges utopisches Potenzial inmitten der permanenten Ungeduld unseres Alltags.

Für das Kind ist es die Quelle des seelischen Reifens, Anfang und Ende seiner geistigen und körperlichen Befriedung, es ist Erfüllung. Wie fatal, dass unsere moderne Kultur sich von eben diesem Glücksbild so weit entfernt hat. In allen Traditionsgesellschaften und Stammeskulturen war und ist die Mutter in den ersten Lebensmonaten ihres Kindes in besonderer Weise geschützt. Für mindestens 18 Monate oder länger ist sie allen Aufgaben und Pflichten enthoben. Ihre Aufgabe besteht nur darin, das Kind zu nähren und zu »stillen«. Ihre Aufgabe ist es, in die Kultur ihrer Gemeinschaft dieses Urbild des versorgten Glücklichseins zu *leben*. Eine hoch angesehene Aufgabe. Sie garantierte der Frau einen gesicherten Status in der Gemeinschaft.

All das ist uns verloren gegangen. Angesichts dieser immensen Glücksbilder kommen einem die permanenten Diskussionen in Frauenzeitschriften und Wochenendbeilagen penibel vor, die unaufhörlich um das Thema kreisen, wie man das Kind und die ersten Lebensmonate mit der Karriere zusammenbringen könne. Nein, ich möchte nicht falsch verstanden werden: Das Thema ist wichtig, diese Sorge ist berechtigt. Der Preis der Mutterschaft ist in unserer Kultur einfach zu hoch! Es ist ein Konstruktionsfehler in unserer Gesellschaft, er greift aber viel tiefer, als die oft kurzatmigen Diskussionen ahnen lassen.

Die Hast und Unruhe, in die die Mütter gezwungen sind, weil ihnen gleichzeitig mit der »Stillphase« des Kindes ihre gesellschaftliche und berufliche Zukunft zu entschwinden droht, sind ein Skandal, der das Überleben von Humanität in unserer Kultur insgesamt in Frage stellt. Wir alle haben unser Glücksvermögen in der Kindheit erworben. Wird es dort gestört, bleibt es gestört ein Erwachsenenleben lang. Die Chefs, die nie gelernt haben, glücklich zu sein, sind miese Chefs. Mitarbeiter, die nicht einer inneren Glücksvorstellung folgen, sind unambitionierte Mitarbeiter, aus Langeweile beginnen sie ein Mobbing, andere Ziele als die des Missmutes und des Neides kennen sie nicht. Intelligenz und

Kreativität bauen auf dem frühen Kinderglück auf, wo es fehlt, da stirbt das geistige Potenzial einer Gesellschaft. Bis in die volkswirtschaftlichen Berechnungen hinein müssten wir die »Stillphasen« für Mütter schützen und bewahren. Aber wir tun es nicht.

Humanität entschwindet. Um nichts anderes, um nichts weniger geht es, wenn wir vom Schutz der Mütter und vom Schutz der Familie durch Staat und Gesellschaft reden. Wir haben gesehen, wie sehr diese elementare Forderung, wohin wir auch schauen, mit Füßen getreten wird.

# Was Liebe alles vermag

Liebe kann viel, eigentlich kann sie alles. Zum Beispiel ist sie bei Schulängsten die beste Hilfe, die man Kindern geben kann. Ich meine dies ganz und gar wörtlich: Liebe hilft lernen. Lieblosigkeit hemmt und macht Angst. Ungeliebte Kinder, ich sagte es schon, werden dumm. Dazu will ich eine kleine Geschichte erzählen. Der 11-jährige Sven ist ein heller Junge. Klug ist er und clever. Aber davon merkte man gar nichts, als er zum ersten Mal die Räume meiner Praxis betrat. Sven wirkte ganz gehemmt. Er drückte sich an der Tür herum, Mama schob ihn behutsam herein. Dann trottete er, gehorsam, aber unwillig, mit ihr in mein Zimmer. Man sah es sofort: Dieser nette Junge erwartete nichts Gutes mehr vom Leben.

Er wirkte nicht nur verdrossen, sondern vielmehr traurig, deprimiert und unsicher. Ein Bild des Jammers. Der Grund dafür war schnell gefunden: Sven hatte eine Legasthenie.

Zur Legasthenie muss man sagen, dass sie eine Zeit lang eine Modediagnose war. Allen möglichen Kindern wurde sie bescheinigt: Teilleistungsstörung, Legasthenie, Dyslexie und Dysgraphie. Meist war die eine wie die andere Diagnose unzutreffend.

Legasthenie in einem psychosomatischen Sinn ist selten. Damit meine ich solche Lernstörungen, bei denen Kinder aus noch ungeklärter Ursache tatsächlich nicht in der Lage sind, die Schriftzeichen sorgfältig auseinander zu halten, vor ihren Augen verschwimmen beim Lesen die Buchstaben, sie können die Reihenfolge der geschriebenen Linien nicht einhalten, sie springen im Text hin und her. Diese Störungen wirken so prägnant, dass man eine gehirnorganische Ursache mindestens nicht ausschließen kann. Man kann ihnen auch nur begrenzt helfen. Den Kern ihres Lese- oder Schreibproblems kriegt man gar nicht recht zu fassen. Ich habe mit diesen Kindern versucht, ihre verschiedenartigen Stärken, die sie zugleich mit ihrem Makel ausgebildet haben – viele haben ein ausgeprägtes visuelles Gedächtnis, andere können komplexe graphische Formen rasch interpretieren oder geschickt mit ihnen umgehen, viele haben ausgeprägt explorative Fähigkeiten usw. –, zu stabilisieren und zu festigen. Diese stabilisierten Stärken helfen dann dabei, die Schwächen im Kern ihrer Lernstörung zu überlagern und die seelischen Folgen zu mindern.

*Die Stärken stärken.* In der Tat bezeichne ich auf Lehrerfortbildungen eben dies als ersten Leitsatz eines guten Lehrers. So macht man es in der therapeutischen Betreuung auch. Man konzentriert sich erst mal ganz auf das, was dieses Kind kann, und nicht auf das, was es nicht kann. Man betont seine Fähigkeiten und nicht seine Unfertigkeit. Man mindert damit die Ängste, die es daran gehindert haben, wenigstens seine Lernstärken voll auszuspielen. Ängste verschließen dieses Tor, gemeinsam mit dem Kind muss man es wieder aufstoßen. Das hilft schon mal eine ganze Menge!

Aber das Wichtigste ist wieder einmal etwas anderes. Darauf will ich jetzt zu sprechen kommen. Das Wichtigste ist die mütterliche Liebe.

Wie Mütter häufig, war auch Svens Mutter übermäßig auf Schulerfolg und Schulmisserfolg konzentriert. Von irgendeinem Zeitpunkt ab drehten sich die Gespräche in der Familie nur noch um Benotungen, vor allem im Lesen und Schreiben. Mutter und Vater bemerkten nicht, was unter den vielen Sorgen und Debatten und gelegentlichen Schimpfereien ganz allmählich verloren ging. Nämlich das Vertrauen ihres Kindes zu ihrer Liebe.

Damit kam Sven noch weniger zurecht als mit der Legasthenie. Zum Schluss brach er total ein. Dies veranlasste die Eltern, meine Hilfe aufzusuchen.

Was konnten wir also für sie tun, für den kleinen Sven und seine ratlosen Eltern? Die Legasthenie, wie gesagt, ließ sich in gewissem Umfang mildern. Das Entscheidende aber war, dass der Junge wieder Vertrauen zu seinen Eltern fasste und damit auch wieder Vertrauen zu sich selber. Auch bei 11-Jährigen ist es noch ein und dasselbe.

Eltern vergessen manchmal, wie intensiv die Kinder sie »spiegeln«. Sie übersehen, wie sehr das kindliche Verhalten, über das sie sich so heftig beklagen, von ihrem eigenen Verhalten abhängt.

Deshalb war neben der Lerntherapie die zusätzliche, nein, die ausschlaggebende Hilfe die Wiederherstellung von Bindung. Schwer war das nicht! Ich musste in zwei oder drei Gesprächen – nicht mehr! – Svens Mutter nur vor Augen führen, in welch einer desperaten, ver-zweifelten, also an sich selber und der ganzen Welt zweifelnden seelischen Verfassung ihr Kind sich befand. Ich gab ihr auch einige Hinweise darauf, wie unmittelbar dieses »Zweifeln« und »Verzweifeln« mit dem Schulerfolg zusammenhängt.

Aber das war immer noch nicht das Entscheidende. Entscheidender war, dass ihr mütterliches Herz unter dem Eindruck der seelischen Situation des Kindes schier zerbrechen wollte. Wie viel man übersehen kann! Wie viel einem einfach aus dem Blick gerät, wenn man die Augen sorgenvoll auf einen und diesen einzigen Punkt konzentriert! Wie viel einem verloren geht, wenn man das Wichtige aus dem Blick verliert. Das wurde ihr über ihre Einsichtskraft und über ihre mütterliche Intuition jetzt wieder klar. Es stand ihr buchstäblich vor Augen. Es wurde ein lebendiges Gefühl und das ist viel wichtiger als jedes Verstehen und jeder Gedanke.

Von diesem Tag an befolgten die beiden eine kleine Verhaltensübung, bevor sie gemeinsam mit dem Lernen begannen. Ich bin gar nicht sicher, ob es dieser Übung noch bedurfte oder ob Mutter und Kind nicht aus ihrer inneren Bindungsfähigkeit bereits das Richtige getan hätten. Wie auch immer, schaden konnte die Übung nicht. Sie stabilisiert ein neues Verhältnis beim Lernen. Ich will sie deshalb kurz schildern.

Wie alle wirksamen Verhaltensübungen ist sie leicht zu verstehen, aber nicht ganz leicht zu machen. Mama richtet, nachdem der regelmäßige Lernort zur regelmäßigen Lernzeit (Gewohnheiten herstellen!) eingenommen worden ist, nicht sofort und hastig und hektisch ihren Blick auf die Schulbücher und die Schulaufgaben. Zunächst tut sie etwas anderes.

Sie unternimmt eine kleine Gedankenübung. Sozusagen einen Spaziergang in ihrer inneren Welt. Er hat mit dem Kind zu tun. Die Variante, die ich ihr vorschlug, sah so aus, dass sie einfach für einige Sekunden – viele müssen es nicht sein – ihren Blick ganz ruhig, ganz konzentriert und entspannt auf ihr Kind richtet.

Wenn eine Mutter dies tut, stellen sich sofort innere Bilder, also »Assoziationen«, ein. Diese Bilder haben alle mit der frühen Kindheit des kleinen Jungen oder des kleinen Mädchens zu tun. Es ist ein nahezu biologisch begründetes Bildprogramm, das im Kopf einer Mutter abläuft: Ihr Kind auf wackligen Beinen, als es die ersten verwegenen Schritte in eine fremde Umwelt hinein unternahm. Ihr Kind mit den ersten gezielten Sprachlauten und den ersten skurrilen Zusammenhängen, die sie damals sofort den Verwandten weitererzählen musste und über die alle so sehr gelacht haben. Ihr Kind, das zum ersten Mal das Rad besteigt und beinahe heftig gestürzt wäre, dann aber doch noch die »Kurve bekam« und glühend vor Stolz zu ihr zurückgestrampelt kam. Lauter kleine Bilder, Erinnerungsfetzen und Erinnerungsreste, die sich für einen Moment in Mamas Kopf schieben. Dieses Kind also, das so vergnügt sein konnte, das den Alltag erleuchtete und das jetzt mit betrübtem und angestrengtem, ja verkrampftem und ängstlichem Gesicht vor ihr sitzt – es ist »mein« Kind! Mama hat in dieser Sekunde etwas empfunden, was sie vielleicht im Beratungsgespräch nur *verstanden* hatte. Ich will, dass mein Kind keine Angst hat! Ich will das sofort, ich will es mit aller Macht.

Und diese Macht hat sie.

Sie ist ja die Mutter!

Kinder spüren diesen Blick. Nein, sie saugen ihn auf, sie atmen ihn ein. Sie lassen sich von diesem mütterlichen Schauen durchdringen. Warum ist das so? Ich habe bereits mehrfach darauf hingewiesen. Ich habe erläutert, wie sehr die heranreifende kleine Seele vom mütterlichen Schauen und der eigenen Antwort auf dieses Schauen abhängig ist. Wie das Kind innerlich reift an dem Blick, dem Gesicht und dem Lächeln von Mama. An Gedanken und Mamas Augen, Mamas Stimme und Mamas Freude. Dies alles hat seine Spuren hinterlassen. Nichts ist in der kindlichen Seele davon verloren gegangen. Alles ist aufbewahrt!

Dies ist die Ursache dafür, dass der Blick von Mama immer noch der Ur-Blick ist. Er ist fast identisch mit dem Blick, den selbst ein 11-Jähriger noch auf sich selber richtet. Die Ermutigung also, die jetzt von ihr ausgeht, und ihre liebevolle Erinnerung speisen die seelische Kraft des Kindes, sich selber zu ermutigen. Sie tun es auf unvergleichliche Art. Und so »gestärkt und genährt« wenden beide dann – aber *erst dann* – ihren Blick den Schulaufgaben zu.

Was ist geschehen? Aufgebrochen ist eine unglückliche Lernsituation, die beide über Monate hinweg gequält hatte. Bis dahin war es so gewesen, dass für den kleinen Sven *fern von ihm und jenseits von ihm, ja feindlich zu ihm*, die Schulaufgaben vor ihm lagen und dass sie beinahe schon identisch waren mit Mama und ihrem sorgenvollen Gesicht (und ihrem Geschimpfe obendrein). Sven war angesichts der Aufgaben *und* des Verlustes eines liebevollen mütterlichen Gesichts grässlich allein.

Nun hat sich die Konstellation grundlegend verschoben. Allein ist er nicht mehr. Mama ist neben ihm, sie ist nicht mehr »fort«, sondern wieder »da« und die Schulaufgabe ist ihnen gegenüber. Dort, auf dem Tisch, liegt sie. Außerhalb von Sven und nicht mitten in seinen Ängsten und seinem Verlustgefühl.

»Wir zwei beide« – Mama und Sven – werden sie bewältigen.

Wir fangen jetzt sofort damit an!

Kleine Schritte, die Wirkungen sind jedoch verblüffend. Kein Konditionierungsprogramm aus Belobigung, Lohn und Strafe kommt dem gleich. Die innere »Sättigung« ermöglicht die Konzentration des Kindes, ermöglicht den Abbau der Schulangst. Mama nämlich mit ihrem Sorgengesicht war der Kern dieser Angst. Nicht die Aufgabe selber! Das muss man einfach nur begreifen, dann erklärt sich alles andere ganz von allein.

Nun ist Lernen wieder möglich geworden. Möglich ist eine kleine ermutigende Berührung des Kindes, wenn ein Satz besonders schwierig oder ein zu lesender Absatz besonders lang erscheint. Schon fühlt es sich sicher! Das Lernen steckt plötzlich voller Gemeinsamkeiten für Mama und Kind, also auch voller Beschwichtigungen.

Außerdem muss man natürlich viel loben. Bei besonders guten Leistungen schadet auch eine materielle Belohnung nicht. Aber letztlich kommt es auf das Loben, das in jedem Motivationsprogramm zu finden ist, nicht so sehr an. Das

Lob entfaltet seine Wirkung erst auf der Grundlage jener seelischen Prozesse, die ich eben geschildert habe. Erst dadurch, dass es Ausdruck und Vergewisserung der mütterlichen Liebe ist, wird das Loben sinnhaft.

Erst auf der Grundlage der Bindung zu Mama oder Papa und in gewissem Umfang auch zu einer anderen Betreuungsperson finden jedes Lob und jede Belohnung einen tiefen Widerhall in der kindlichen Seele. Dann, aber eben nur dann, erzeugt beides Befriedigung und Stärkung und keine Gier nach mehr und noch mehr. Lob ohne innere Bindung an den Lobenden erzeugt oft solch eine Unersättlichkeit. Ich kenne reihenweise Kinder, die gelobt und gelobt werden und davon nie genug bekommen und doch immer wieder verzagt vor jeder neuen Aufgabe hocken und schier verzweifeln. Die ganze Loberei hat ihnen mehr geschadet als genutzt.

Wir haben also verstanden, worum es geht. Liebe ist das Wichtige, auch beim Lernen. Sie trägt eine Kraft in sich selber. Sie geht von Mama aus und stabilisiert das Kind, sie strukturiert die Aufgaben und macht sie bewältigbar.

Ja, sie vermag sogar noch mehr.

Bei der biologisch verursachten Legasthenie, hatte ich eingangs gesagt, stehen wir einer therapeutischen Aufgabe gegenüber, die gar nicht oder nur teilweise zu lösen ist. Ganz auflösen lässt eine Legasthenie sich nicht! Aber das macht nichts. Die Kräftigungen, die das Kind beim gemeinsamen Lernen sammelt und die weit über das Lernen hinausreichen, die sind stark genug, dass auch dieser Rest, der nicht bezwingbare, der nicht bewältigbare, seelisch integriert werden kann.

Ja, Mama und Sven oder andere Kinder haben gemeinsam vieles gelernt, das mehr ist als nur Rechtschreibung und Grammatik. Sie haben das Bewältigen von Schwierigkeiten gelernt, das Überwinden von Kränkungen. Die Lernstörungen und die schulischen Aufgaben waren gewissermaßen nur der Anlass für eine Stabilisierung ihrer Bindung. Diese gemeinsam erworbene Stabilität kann keine Legasthenie mehr erschüttern. Wie immer die Sache mit der Lernstörung letztlich ausgehen mag, auf der Grundlage dieser neu bestätigten und gesicherten Bindung ist kein Kind unglücklich und seine Zukunft wird in keinem Fall zerstört.

# Liebe wirkt ein Leben lang, Ängste auch

Es gibt reihenweise psychologische Untersuchungen über kindliche Ängste. Seit langem gilt das Ergebnis, dass sie ein Leben lang währen. Etwas näher betrachtet, stellen sich die Dinge komplizierter dar. Es ist so, dass die Ängste der frühen Kindheit durchaus auch verschwinden können. Ängstliche Vier- oder Fünfjährige können als 10-, 11- oder 12-jährige Kinder ein ganz normales (durchschnittliches) Maß an Angstbereitschaft und Angstbearbeitung zeigen: Kleine traumatisierende Erlebnisse, aber auch tiefere Ängste verschwinden also, aber sie verschwinden nicht spurlos. Sobald ein Kind in höherem Alter oder ein Jugendlicher unter massiven Stress gerät, tauchen die alten Ängste wieder auf.

Diese Tatsache hat sich sogar in Tierversuchen bestätigt. Aus einer wissenschaftlichen Untersuchung aus dem Jahr 1996 beispielsweise gehen eindeutige Ergebnisse hervor. Dort hat man Ratten so trainiert, dass sie sich vor einem bestimmten Ton fürchteten. Daraufhin hat man ihnen in langen Lerneinheiten diese Angst wieder genommen. Tatsächlich zeigten sich diese Ratten nach einer gewissen Zeit gegenüber dem vorher gefürchteten Ton wieder völlig angstfrei. Sie benahmen sich, wenn sie den Ton hörten, wieder ganz normal. Es schien also so, als sei ihre frühere Angst verschwunden. Aber es schien nur so.

Wenn man dieselben Ratten nämlich unter Stress setzte – dies geschah durch die Injektion von Hormonen, auch durch leichte elektrische Schläge –, dann tauchte die alte, scheinbar vergessene Furcht wieder auf: Wieder gerieten sie in Panik, wenn sie den Ton hörten. Die Angstverarbeitung war nur oberflächlich, in tiefer liegenden Gefühlsschichten blieb die Angst gespeichert.

Ähnliches gilt für Menschen. Es gibt natürlich kleine Ängste, kleine Frustrationen im Kinderleben, die dann auch gut »verarbeitet« werden. Aber schwerwiegende Traumata, zum Beispiel der unvorbereitete oder schockhafte Verlust von Mama oder gar das Weggehen von Papa – Trennungen der Eltern gehören auch dazu –, erzeugen eine massive Angstbereitschaft.

Sie kann im Verlauf der Jahre wie ausgewischt erscheinen. Aber sie ist es eben nicht. Die Psychologie spricht von »impliziten Ängsten«. Wenn sie über innere Bilder oder Assoziationen berührt werden, dann brechen sie wieder auf und können zu ganz irrationalen Reaktionen führen. (Deshalb empfiehlt es sich immer, wenn ein Kind mit maßloser Wut oder unverhältnismäßiger Panik reagiert, zu untersuchen, ob hier frühe Ängste ins Spiel gekommen sind.)

Die Neurobiologen scheinen diese Angstverschiebungen erklären zu können. Ich will das kurz referieren: Solche »impliziten Gedächtnisinhalte« werden in bestimmten Gehirnregionen, zum Beispiel der so genannten Amygdala, abgelagert. Sie müssen freilich eine später entwickelte Gehirnregion erreichen, bevor sie in das erinnernde Bewusstsein aufsteigen können. Diese Gehirnregion nennt man Hippocampus, sie wird zwischen dem 18. und 36. Monat entwickelt.

Ich habe nun viel über die Bindung berichtet, die in den ersten Lebensmonaten stattfindet. Ich habe erklärt, wie wichtig sie ist, woraus folgt, dass die Störungen dieser Bindung tief liegende Traumatisierungen und Angstbereitschaften hinterlassen. Diese ganz frühen Eindrücke und Erfahrungen sind nicht mehr bewusst. Das liegt eben daran, dass sie nicht innerhalb des »Hippocampus« niedergelegt werden können. Dieser wird ja erst später ausgebildet. Man erinnert sich also an die Emotionen der ersten Lebensmonate nicht. Dennoch ist es so, dass sie unter Stress im Jugend- und sogar noch im Erwachsenenalter wieder auftauchen.

Die Gehirnforscher erklären diesen Vorgang in ihren medizinischen Begriffen so, dass es bei Stress zu einer Ausschüttung von so genannten »Glucocorticoiden« kommt. Diese wiederum führen zu einer zeitweisen Hemmung der Hippocampusfunktion. Dadurch werden die Gedächtnissysteme außerhalb des Hippocampus erneut aktiviert.

Anders gesagt, jene Gehirnregionen, die bereits *vor* dem 18. Lebensmonat geprägt wurden, dominieren nun wieder das Erleben. Und auf diese Weise treten vergessene, früh erworbene Ängste urplötzlich ins Bewusstsein, wie aus heiterem Himmel!

Sie können überall und zu jeder Zeit auftreten, bei der Hausarbeit ebenso wie im Büro oder im Auto. Welcher Typus von Ängsten aufbricht, das hängt von dem jeweiligen Stress ab. Es gibt Konnexionen, also Verbindungslinien zwischen dem aktuellen Erleben eines Jugendlichen oder eines Erwachsenen und diesen allerfrühesten Bindungserfahrungen und Bindungsstörungen. In jedem Fall aber sind es allerfrüheste infantile Ängste, die vergessen schienen und plötzlich das Gehirn überfluten.

Frühe Traumata, so beschreiben es die Gehirnforscher, haben einen »überproportionalen« Einfluss auf die späteren Emotionen und Gefühlswelten eines Kindes, eines Jugendlichen und sogar eines Erwachsenen. Andere Untersuchungen in Deutschland oder den Niederlanden haben dies bestätigt. Auch in den medizinischen und biologischen Forschungen gibt es heute keinen Zweifel mehr daran, dass die frühesten Prägungen die seelische und intellektuelle Entwicklung bestimmen.

Die Umkehrung gilt auch. Bei positiven infantilen Bindungserfahrungen verhält es sich so, dass sie in Stress oder anderen Belastungssituationen plötzlich im seelischen Leben
ihre Kraft entfalten. Das sind solche Lebensumstände – die
meisten Leser werden sie kennen! –, in denen es einem von
Herzen schlecht geht. Aber trotzdem fühlt man sich getragen von einem *Urgefühl* des Vertrauens und der Zuversicht.
»Irgendwie werde ich es schon schaffen.«
»Die Hoffnung stirbt immer zuletzt«, habe ich in einem
früheren Kapitel gesagt. Und warum? Weil sie sich auf so
frühe, ganz der rationalen Betrachtung entzogene Gefühle
bezieht.

Ich habe es am eigenen Leibe erlebt.

Ich war in einer beruflichen und persönlichen Sackgasse
gelandet. Ich wohnte einsam irgendwo am Nordseestrand,
sozusagen verlassen von der Welt und in gewisser Weise
von mir selber. Es lief nichts mehr. Beruflich nichts, persönlich nichts. Die Zukunft war wie vernagelt. Dabei machte ich eine aufregende Entdeckung. Alle objektiven Daten
sprachen gegen mich. Aber wenn ich morgens aufwachte,
die Augen aufschlug und in den Himmel schaute – es war
aber auch ein wunderschöner Sommer –, dann fühlte ich
zunächst eine tiefe Freude.

Dies sind so Momente der Zuversicht, die aus frühesten
Bindungen aufsteigen. Sie haften im Gedächtnis und lassen
sich nach Auskunft der Hirnforscher auch gehirnorganisch
verorten. In jedem Fall sind sie einfach »da«. In Krisen kann
man sich auf sie verlassen wie auf einen geliebten und liebenden Menschen. Und letztlich ist es genau das, was diese
Freude im Unbewussten repräsentiert: die Anwesenheit eines liebenden Menschen.

# Einmal nur!

Es gibt eine ganze Serie von Erziehungsratschlägen, in Büchern, in Magazinen, im Fernsehen. Manche sind ganz vernünftig! Aber andere Grundregeln des Lebens scheinen mir erheblich wichtiger, zum Beispiel *diese*.

An einem der ersten frühen, noch kühlen Sonnentage des letzten Sommers ging ich, eher zufällig, an einem Spielplatz vorbei. Er befindet sich auf einem unserer Wohnung nahe gelegenen Platz.

Dort war ich im vorletzten Sommer und viele Male davor mit meiner kleinen Tochter gewesen. Einen ganzen Sommer lang hatte ich die Mittagsstunden auf der Bank hockend, meine Zeitung in der Hand, verbracht, während das Kind im Sandkasten buddelte oder auf der Schaukel saß und dort, je geschickter sie wurde, immer neue Geschwindigkeiten und Höhen erreichte und mir mit dem Stolz ihres Könnens zujubelte: *»Schau mal Papa, wie hoch ich fliegen kann!«*

Ja, dieser vorletzte Sommer ist mir besonders gut in Erinnerung, damals war das Kind fünf Jahre alt. Zu diesem Zeitpunkt hatte ich mir fest vorgenommen, die inzwischen ziemlich verwöhnte Göre mit den härteren Seiten des Lebens zu konfrontieren.

Sie war durch die viele Überfürsorglichkeit und Ängstlichkeit von Mama und Papa selber ein wenig ängstlich geworden, ein wenig zu fordernd und gleichzeitig, wie mir schien, viel zu wenig bereit, auf die Wünsche und den Willen anderer Kinder einzugehen. Kurzum, in meinem Psychologenverstand plante ich eine Art Selbstbewusstseins- und Sozialtraining auf dem Spielplatz. Es kam dann ganz anders und gerade deshalb war es erfolgreich. Das erläutere ich jetzt!

Ich setzte mich also quietschvergnügt auf die sonnenbeglänzte Holzbank, bedeutete meinem Kind, dass es fortan seine Konflikte um ein Schäufelchen im Sandkasten oder den freien Platz auf der Schaukel allein durchstehen müsse, verkroch mich, wenn mir ihre turnerischen Übungen wieder einmal viel zu wagemutig erschienen, hinter meiner Zeitung, damit niemand und erst recht nicht das Kind meine Ängstlichkeit bemerkten. Im Übrigen grummelte ich lautstark meine Zustimmung immer dann, wenn sie mit anderen Kindern unermüdlich eine Burg oder eine Sandtorte nach der anderen produzierte und dabei gelegentlich in einen Streit geriet, den sie allein durchstand, ohne sofort zu Papa gelaufen zu kommen. So war es mir recht! Mein Töchterchen spürte intuitiv, was Papa recht und was Papa unrecht war, und sie richtete sich danach.

Alles, was ich darüber hinaus absichtsvoll oder planmäßig getan hätte, hätte diesen Erfolg nur gestört und abgenutzt. So aber wurde es ein vergnügter Sommer, ein lehrreicher, wie ich glaube. Für mein Kind und für mich selber erst recht.

Die Folgen dieser angenehmen Zeit hatte ich natürlich nicht bedacht, jede erfahrene Mutter und jeder Vater kann sie sich aber ausmalen. Die Folge war nämlich, dass mein Kind, als der Sommer vorüberging und die kalten Herbstwinde aufkamen, immer noch stundenlang auf dem Spielplatz verweilte.

Noch im späten Oktober hockte sie sich in den Sand, mit quietschend-vergnügten anderen Kindern um sie herum. Während am Himmel nicht die Sonne glänzte, sondern dunkle Wolken sich ballten, beharrte sie darauf, noch ein halbes Stündchen und dann noch eines weiter spielen zu dürfen.

Meinem Kind taten diese Herbststunden auf dem Spielplatz gut, mir weniger.

Ich taumelte von einem Schnupfen und einer Nebenhöhlenentzündung zur nächsten, ich weiß nicht, wie viele Vorträge in diesem unbarmherzigen Herbst abgesagt werden mussten. Es war nun einmal nicht zu ändern! An eine *nicht* belegte, *nicht* heisere eigene Stimme hatte ich nur mehr eine ungefähre Erinnerung. Dass eine Nase auch ohne mengenweise Taschentücher auskommen kann, erschien mir in diesem Herbst äußerst unwahrscheinlich. Kurzum, ich war ein restlos überforderter Vater.

Mein Töchterchen spürte nichts davon, sie setzte ihr soziales und persönlichkeitsstärkendes Training, das irgendwie gar kein richtiges »Training« geworden war, unvermindert fort, bis endlich der Winter, viel zu verschmuddelt und grau wie immer in unserer Gegend, dem Ganzen ein Ende bereitete. Kurzum, ich hatte die Nase buchstäblich voll von Spielplätzen, das nächste Frühjahr und die nächsten Sonnentage gehören mir, beschloss ich in mildem Ingrimm.

Und so kam es dann auch.

Irgendwie hatte mich auch im nächsten Frühjahr noch eine gewisse Unlust gegenüber Spielplätzen, Holzbänken und den langen Stunden beim Betrachten von schaukelnden oder windspieldrehenden Kindern ereilt; wenn Töchterchen an mir zog und zerrte und mich zum Spielplatz locken wollte, fand ich die eine oder andere Ausrede. Ich schlug andere Spiele vor, gemütlichere und bequemere, »Mensch ärgere dich nicht« zum Beispiel.

Wir lernten in diesen Monaten gemeinsam Tischfußball zu spielen, anfangs ließ ich sie gewinnen, später ließ *sie* mich verlieren und irgendwann konnte ich gar nichts mehr dagegen tun. Insgesamt eine erfreuliche Entwicklung, aber den Spielplatz sahen wir nur noch selten gemeinsam.

So verging das Jahr, im Herbst wurde das Kind sechs Jahre alt, die Schule kam, die Wintermonate. Die ersten Aufregungen über das Lesen (das ihr so unendlich leicht fällt) und das Rechnen (das ihr erheblich mehr Mühe bereitet, kein Wunder, sie ist ja meine Tochter), Unsicherheiten über die Frage, ob sie bei dieser oder jener Freundin übernachten solle, und für die bangen Eltern, ob die Nacht dann ohne Anrufe (»Holt mich *sofort* ab!«) ungestört verlaufen werde. Kurzum, das Leben war voll und prall wie immer, wenn Kinder in der Nähe sind.

Und nun ist wieder Frühjahr geworden, der Wind wird allmählich wärmer und die Sonne schimmert glänzend und vielversprechend am Himmel. An diesem Tag also ging ich, eher zufällig, an dem (unserem) Spielplatz vorbei.

Ich war schon seit Wochen, ach was, seit Monaten nicht mehr dort gewesen. Und während ich im Vorbeigehen den Kindern und Müttern kurz zuschaute, befiel mich plötzlich eine heftige Beklemmung. Ich konnte sie anfangs gar nicht recht deuten. Mir saß ein Kloß im Hals! Was, zum Teufel, habe ich denn nur?, fragte ich mich. Und dann fiel es mir ein.

Mich überkam, ohne dass ich bewusst darüber nachgedacht hätte, die Gewissheit einer simplen und wichtigen Wahrheit. Sie lautet folgendermaßen: *»Und dann? – Dann nie wieder!«* Wie viele Male würde ich noch auf der Holzbank dort hinten, der immer noch wohl vertrauten, sitzen und meinem Kind zuschauen? Wie oft würde sie noch vergnügt und selbstvergessen im Sandkasten hocken und Törtchen backen? Wie oft würde sie noch stolz jubeln darüber, dass ihr auf der Schaukel der hohe Schwung gelungen war? Und wann würde ihr dieses schwungvolle Schaukeln ganz selbstverständlich erscheinen, kein Grund zum Jubeln, kein

Grund, zu Papa herüberzuschreien:»Schau mal, was ich kann!«Wie oft noch würde ich Gelegenheit haben, dieses Bild in mich hineinfließen, hineinströmen zu lassen, aufzusaugen mit tausend oder gar keinen Gedanken im Kopf. In eine innere, stille Tiefe, die von keiner Reflexion eingeholt werden kann? Wie oft noch?

Noch ist es Zeit. Noch ist es so, dass mein Kind auch diesen Sommer an meinem Ärmel ziehen und mich zum Spielplatz locken will. Jedenfalls hoffe ich das. Oder geht sie schon lieber allein, wird Papa lästig? Wahrscheinlich nicht. Noch nicht. Diesen Sommer werde ich ihr noch einmal lächelnd zuschauen und die Höhe ihres Schaukelschwungs bewundern, und meine Bewunderung wird ihr wertvoll sein und ihr kleines Ich stärken.

Vielleicht einen Sommer noch, wenn ich Glück habe, im nächsten Jahr noch einen halben dazu. Und dann?

*Dann* nie wieder!

Jede Stunde, ja jede Sekunde, die ich auf dieser Holzbank, mein Kind betrachtend, verbracht habe, war einzig. Sie war nur einmal, nur dieses Mal. Und dann nie wieder. Jede Stunde, ja jede Sekunde, die ich an der Gegenwart des Kindes versäumt habe, wäre einzig gewesen. Nie wieder! An diesem freundlich besonnten Frühsommertag, während ich an»unserem«Spielplatz vorbeilaufe, verschwimmen plötzlich die Bedeutungen. Kann sie gut lesen und schreiben? Ja, kann sie. Mit dem Rechnen hapert es noch. Wie unwichtig das ist! Wichtig ist dies: die Form der Sandtörtchen, der Schwung der Schaukel, jedes kleinste Zeichen im Alphabet und in der Zahlenreihe, ja sogar die kleinen Ängste beim Lernen — alles ist nur dieses einzige Mal. *Und dann?*

Ich wünschte mir oft, dass Väter und Mütter, wenn sie so ungeduldig neben den Kleinen und ihren mühseligen Hausaufgaben hocken, wenn sie so zornig über das unaufgeräumte Zimmer schimpfen, für einen kleinen Augenblick neben sich treten. Für einen kleinen Augenblick sollten sie versonnen auf die Socke, die im Kinderzimmer seit Tagen in der Ecke liegt und nicht aufgeräumt wird, nur einmal sollten sie kurz auf das beschmierte Heft, das so viele ungelenke und eifrige Zeichen ihres Kindes birgt, schauen und sich diesem einen Gedanken zuwenden: Die Socke und die Schriftzeichen, alles nur einmal. Und dann nie wieder.

# Nachwort

Maria ist meine Tochter, sieben Jahre ist sie jetzt alt. Mitunter sagt Mariechen zu mir:

»Du bist der liebste Papa auf der Welt. *Krieg ich ein Eis?*« Und wenn ich meine nachdenkliche Phase habe – ich habe sie oft in der Gegenwart dieses Kindes –, dann antworte ich ganz ernst.

Ich sage: »Das stimmt. Ich bin wirklich der liebste Papa auf der Welt, und weißt du warum? Weil ich für dich der einzige bin. Stell dir das vor: Auf der ganzen, weiten Welt, im ganzen, großen Weltall, an dem wir abends manchmal die Sterne begucken, hast du nur einen einzigen Papa – nur mich. Und ich, ich habe auf der ganzen, großen Welt, im ganzen, weiten All, nur eine einzige Tochter. Nur dich!«

Und bevor wir dann gemeinsam in Tränen ausbrechen, ist sie mit dem gesunden Materialismus eines siebenjährigen Kindes schon losgerannt, um sich ihr *Banille*eis zu besorgen.

Die Einzigartigkeit, die ein Kind für diesen Vater und dieser Vater für das Kind, ein Kind für diese Mutter und diese Mutter für dieses Kind bedeuten, die ist das ganze Geheimnis der Erziehungskunst.

Vollständig allerdings wird dieses Geheimnis niemals zu durchdringen sein.

# Der Meilenstein unter den Elternratgebern

Das umfassende Hausbuch für Eltern: 50 Experten aus Wissenschaft und Praxis geben Antwort auf alle Fragen, die Väter und Mütter bewegen: Von der Geburt ihres Kindes bis zur Volljährigkeit.

Themen sind u.a.: Schwangerschaft • Was Babys uns sagen können • Die Rolle des Vaters • Gesunde Ernährung • Elternkurse • Kindergarten • Religiöse Erziehung • Gehorsam • Kindliche Ängste • Trennung, Scheidung • ADH(S) • Schule • Nachhilfeunterricht • Hochbegabung • Schulangst und Mobbing • Medienkonsum • Pubertät • Drogen • Magersucht • Homosexualität • nach dem Schulabschluss.

»Das ›ElternBuch‹ gehört, genau wie das Sparbuch, für das Kind als eine Art Versicherungspolice für den Erziehungserfolg in die Hand möglichst vieler Eltern.« Deutschlandradio Kultur

»Das dicke ›ElternBuch‹ hat nichts weniger im Sinn, als den pädagogischen Dünnbrettbohrern etwas entgegenzusetzen.«
Frankfurter Rundschau

M. Brumlik / S. Andresen / C. Koch (Hrsg.)
*Das ElternBuch*
Wie unsere Kinder geboren aufwachsen und stark werden
gebunden, 636 Seiten
ISBN 978-3-407-85863-4